〔教孩子負責〕
別搶著替他投每一顆球

黃明鎮——著

推薦序 1

當孩子的心靈捕手

林繼明
（林書豪的父親）

拜讀黃明鎮牧師的新作，深受感動。黃牧師撰述輔導犯罪邊緣人近三十年的心路歷程，並對於教養子女的原則，以親身經歷加以闡述。有悲歡離合，有酸甜苦辣，深入淺出。天下父母心，望子成龍，望女成鳳，人之常情。此書，真可視為當今為人父母者，教養兒女的金科玉律。

黃牧師把兒女比喻成一株幼苗，旁邊有柱子撐著，就不容易長歪。所以，父母不僅須負起教養的責任，還要當兒女的榜樣。書中以日常生活常見的例子，描述父母該如何幫助兒女建立自信心、獲得勇氣、磨練身心。又該如何教育孩子「站在別人立場看事情」，將心比心。還提到，常說「請」「對不起」「謝謝」的待人基本禮貌，其他還包括責任感的培養、人際關係的經營、擁有付出的美德與幽默感。並教導爸媽兼顧孩子的課內外活動、尊重孩子的喜好等。

父母的言行舉止，孩子耳濡目染的結果，讓他們幾乎變成父母的翻版。有什麼樣的父母，就有什麼樣的子女，父母可別成了兒女不良的示範。教養子女，需要妥善管理情緒，大人對於即將失控的脾氣可得好好處理，免得孩子跟著情緒化。另外，還要營造和諧家庭氣氛，讓孩子學著與人和睦相處。

家，是兒女永遠的避風港。要以實際的行動，表達對兒女的愛。例如，花時間陪孩子、原諒他們的無心之過，要是孩子犯錯，也不能放棄，而是要給予改正的機會。

父母要以愛為出發點，真愛，是恆久的，沒有條件的。在孩子年幼、可塑性最佳的時機，教導他們聽從父母，否則一旦天生的頑虐個性顯露，就完全教不動了。父母若不管不教或一味寵愛，會養成孩子予取予求的性格，導致他們在社會上難以合群，以自我為中心，以致到處碰壁的窘境。此外，對於孩子的交友模式、健康狀況等正確觀念，父母都應該費心引導。

最後，也最重要的，是父母必須帶孩子去認識神。信仰的薰陶能替教養加分。信仰能淡化人一出生就有的罪性，防止罪性產生罪行。孩子敬畏神，讓他懂得謙卑。信仰是一種力量，能幫親子度過人生波折。

黃牧師期待父母都能成為孩子的心靈捕手，以食衣住行、德智體群、育樂美靈為基礎，用實際生活的案例，來教讀者「好的教養模式」。不僅身為爸媽的人，社會工作者也值得細讀。願天下為人父母者，其兒女都能成為他們心目中的龍鳳。

推薦序 2

學會「如何愛、怎麼管」

楊俐容
（親職教育專家、芯福里情緒教育推廣協會理事長）

曾有數年，我和幾位專家朋友聯手為犯過罪且未就學、未就業的青少年，開設情緒管理與生涯規畫的課程與活動。帶過幾梯次之後，發現這些年輕人聰明者有之、才華者有之，甚至內心良善的也不少。遺憾的是，他們的自我克制能力，還停留在小學低年級的狀態。衝動一來，完全無法三思後行，幾乎是他們共通的特徵。也因此，即使有心向善，展開在他們面前的，依舊是一條崎嶇難行的道路。

針對這現象往深處探究，家庭功能不彰當然是主要的原因之一。但事實上，在我多年帶領家長成長團體、輔導兒童青少年的工作經驗裡，除了少部分連自己都照顧不了的人之外，多數家長都知道，幫助孩子發揮與生俱來的潛能、發展健康成熟的性格，是為人父母最重要的職責，也願意為此戮力以赴。困難的是，面對多元價值的挑戰、撩亂眼花的誘惑，親職效能日益低落。「如何愛」與「怎麼管」，已逐漸成為難以拿捏的課題。

「養不教，父之過。」家庭教育的重要性，自古以來早有明訓。然而，在這個快速變遷的現代社會中，為人父母者，不只是需要與時俱進的新觀念，更得擁有實際可行的管教方法。幫助家長提升親職效能，似乎已經成為「今天不做，明天舊會後悔」的重大社會工程了。

慶幸的是，臺灣有許多動人的公益身影，試圖在不同的角落，為孩子也為家長點亮一盞燈。長期投入兒童與青少年犯罪防治、更生人與馨生人輔導等工作的黃明鎮牧師，就是其中令人相當敬佩的一位。

黃牧師除了擔任高難度的一線工作外，所創建的「信望愛少年學園」，更幫助了無數處於犯罪邊緣的「非行少年」搖身成為擁有一技之長、能夠御風而上的「飛行少年」。

最難得的是，黃牧師在忙碌工作之餘，仍筆耕不輟，希望將自己在兒童與青少年輔導工作所積累的智慧與看見，分享給更多憂心如焚或茫然失措的家長，喚醒更多誤入迷途卻渾然不覺的父母。

有愈多掌握親職效能的父母，就有愈多可以順利成長的孩子。相信閱讀本書的家長，將從黃牧師的字裡行間感受召喚，建立正向管教的家庭氛圍、創造美好和諧的社會環境。

推薦序 3

親子的 fortune cookies

鄭忠信
（財團法人基督教論壇基金會執行長）

坊間教養書很多，或許提供很多技巧或妙招，可以讓爸媽教出優秀、學習力等，但黃明鎮牧師這本書，絕不只有給予祕笈。

每當與黃牧師接觸，聊到兒童或青少年的問題，他眉宇間充滿恩慈，話語中帶著睿智的見解與實例，總能拂去多數父母的困惑與塵埃，帶來美好的寓意及珍貴的教誨。這是我想邀請爸媽們，挪出心靈餘裕，閱讀黃牧師述說一個個生活小事件的主要原因。從文字裡，體會深邃的愛的情境與提醒，或許某些片段能成為fortune cookies（幸運餅乾），解開親子關係困境的鑰匙。

記得還是孩子時，當我父親在說話，我總會專心地聆聽，並悉心地存留在心裡，內化成自己的思想與觀念。但現代父母忙於工作與生活，常常疏忽了與孩子對話與溝通，以致於父母與孩子之間，只剩下金錢物質與條件。外在生活確實有太多的事情，不斷掏空父母的耐心與愛的能力。

青少年階段，是個充滿矛盾的時期。他們的表現，時而利他時而自私，時而懷抱熱誠卻又三分鐘熱度，時而尋求同儕認定卻又孤僻，渴望獲得重要他人的認同卻又時時反抗權威，是個理想主義者卻又憤世嫉俗，看似樂觀卻又悲觀，顯現熱心卻又偶爾冷漠……。

許多父母談起青少年的教養，總是出現同樣反應：搖頭、長嘆、束手無策。與孩子的對話，剩下責備與質疑：「快點吃完飯！快去看書寫作業！」「快點睡覺！不要再滑手機了！」「為什麼打電話給你都不接？」「幾點了還不回家，你究竟去哪裡了？」

我曾在國內最大兒童教育產業中擔任執行長，近年來，雖忙於論壇報新聞媒體工作，仍不忘教育青少年價值觀要與世界接軌的重要。論壇報每年會舉辦「以色列少年大衛營」，我會親自帶著參加活動的孩子去以色列。一趟旅行足足十四天在一起，陪他們認識世界與人生，吃著、說著、玩著、笑著。活動結束後回臺，孩子父母總是驚訝：「說不上為什麼，但孩子就是不一樣了！」

其實，真的不為什麼，只是透過以色列的環境與教育，加上行程中的互動與溝通，把他們潛在的優點和美好引發出來而已。好像沒有用什麼心理學方法，只是相處，用生命影響生命。陪伴與同行是最好的教導方式。

我期盼黃牧師的教養書很久了。這是一本獻給華人青少年生命教育最好的禮物。聖經說：愛是永不止息（Love never fails）。基於愛、基於使命感，黃牧師對孩子永遠充滿希望。書中從自身經驗談親子相處，尊重、真實、彈性的互動，具體而實用。看不見高調或遙不可及的理論，只蘊涵豐富的人生與教養智慧。

印象中，那位帶著少年學園孩子們騎獨輪單車環島的白髮老頑童，真如詩篇一〇三篇所說：他用美物使你所願的得以知足，以致他如鷹返老還童。黃牧師是愈老愈有勁，他的話語與文字間有許多亮光，值得送給天下父母與老師。

推薦序 4

把愛存進孩子的生命存摺

盧蘇偉

（世紀領袖文教基金會創辦人、前板橋法院觀護人）

黃明鎮牧師一直都是我輔導工作的指引和榜樣。二十餘年前，我剛任桃園少年輔育院的輔導老師，初次見到黃牧師。那時，我心中疑惑著：什麼樣的力量，讓黃牧師拋棄了權位和高薪，甘心默默地陪伴這些社會邊緣的人，走人生的一段路？

後來，我領悟到答案，除了宗教信仰，就是那份「愛」與「希望」的力量。黃牧師數十年如一日的精神感召，讓我多年以來，始終在基層的第一線，協助這些迷途的少年，重返人生光明大道。

我輔導過的孩子們，難免有凶殘無人性的殺人犯，面對眼露凶光、毫無悔意的孩子，我就會想到黃牧師常提到的話：「好家庭的孩子，要叫他們變壞，很難。不良家庭教的孩子，要叫他們好，不是不可能，但比較難！」

「這些孩子天生就壞嗎？」其實不是，而是他們的家庭和父母，在他們生命存摺裡，累積無數的怨恨與痛苦。要讓孩子變好，不是不可能，而是需要時間陪伴，一點一滴地，把愛的存款與成功的經驗，存回他們的生命存摺。

三十餘年的經歷，陪伴三千餘位孩子成長，我沒有放棄過任何一位孩子。黃牧師一再地告訴我們：「孩子總有一天會長大。放棄他！他不可能變好。但只要老師和父母有堅定信念，陪伴孩子走過這一段成長路，他們是不會讓我們失望的！」

如今，看見黃牧師用他的生命體驗，寫的這本教養經典，心中有著很大的感佩。七十幾歲的年紀，仍然有著救世助人的熾熱的心。他期待每一位家長，能從家庭教育開始做起，讓每一個孩子都幸運地擁有好的家庭和父母。確實，犯罪預防不是後端的輔導和矯治，應該是前端的家庭教育。

書中真實而淺顯的案例，正在您的左右，或您的孩子身上發生。父母必須知道的是「我們正在用生命複製和影響孩子的生命」。倘若，不肯花心思花時間學習，如何教養子女，如何發揮家庭的教養功能呢。期盼這麼好的一本書，能廣泛的流通，讓每一位讀者，開始看重每一個孩子的生命，並用心陪伴成長中的孩子，走人生最重要的一段路！

最後，用誠摯和感恩的心，謝謝黃牧師這幾十年來，給所有父母和教育、輔導工作者，最明確的榜樣，指引我們方向和道路。

作者序

千萬別輕視家庭的功能

「注意！我從臺上看下去，就知道哪一個以後會坐牢！」這是我在學校演講時，面對不守秩序學生，用來嚇唬他們的話。我一說，幾個愛講話的學生，都會噤若寒蟬。

見到學生聽講時的秩序，更深刻認為：學生的表現，反應他們受了什麼樣的家庭教育。有些學校的學生，秩序好，態度也好。問過老師，才知道學區內的家庭環境都不錯，爸媽工作穩定，也願意負起教養任務，多數學生不必提醒，就會主動完成作業，按時繳交。後來我才明白，那所國中附近的幾所大學，很多教職員的孩子都在那就讀。好家教，學生在校表現當然好。

我想寫這本書，部分原因是認識了林書豪的爸爸——林繼明先生。林爸爸是彰化北斗人，到美國留學時信了耶穌，後來結婚生子，三個小孩從小就進入教會。很多人都好奇，他與太太如何能把林書豪教得如此傑出，不僅是哈佛的高材生，還成為NBA的閃亮球星。於是，我安排林爸爸幾場演講。對此，林爸爸總是客氣地說是「無心插柳柳成蔭」。

還有一個理由，支持我一定要寫這本書。我輔導犯罪邊緣人近三十年，看到許多犯罪的小朋友，幾乎來自破碎或教養功能不彰的家庭。亦感受到整個社會環境，因個人主義盛行，孩子在缺少教導、榜樣和磨練的情形下，變得為所欲為。以致於犯罪年齡下降，吸毒人口增加，犯罪的手段也愈來愈凶狠。

好家庭的孩子，要叫他們變壞，很難。反之，不良家庭教出來的孩子，要叫他們變好，不是不可能，但蠻難的。因此，爸媽得花心思來「教養」孩子。

書裡，我提供這些年看的聽的經歷的，與對讀者有幫助的輔導心得和原則，讓家長參考並使用。也加入我警大畢業論文《青少年犯罪的預防與矯正》的重點，期待給予更多更廣的幫助。

一般家庭的家長看了這本書，會產生共鳴，會得到更好的方法。若教養已出現問題，這本書就是急救包。當孩子遊走在犯罪邊緣，這本書能教家長，如何拉他一把，讓孩子回頭。此外，獄中執行的受刑人或出獄的更生人，藉由這本書，可以看出一條康莊大道，看到一些與自己背景類似，卻能徹底悔悟與改變，或許會因「心有戚戚焉」而決心向善。

書中列了很多，是我成為人父、人師多年，覺得教養孩子應該特別關注的焦點。像是信心建立、勇氣培養、身心磨練及信仰的薰陶等，我都有著墨。

也許掛一漏萬，但只盼能拋磚引玉，激起讀者更多的意識和潛能，好教導孩子朝正向發展。即使孩子（曾經）迷失，也能因家長不棄，而迷途知返。

CONTENTS

CONTENTS

1

相信「我可以！」——

建立自信心

說話的勇氣，值得鼓勵

主動表達（哪怕只是舉個手），得提起莫大的勇氣。
當孩子願意把話說出口時，別太計較答案是對還是錯了，
鼓勵他的「勇敢」，才能讓這樣的好行為延續下去！

我有兩個孩子，一女一男，都在美國加州出生。女兒在美國讀到七年級，才回到臺灣。兒子則在三歲就回來臺灣了。

女兒在美國，受的是美式教育。從小學開始，都是小班級制度，也就是一個班級，大約只有二十個人左右（那個年代的臺灣，一班動輒四、五十人）。班上還會分小組，五、六個小朋友圍坐在一個大桌子邊，變成同一組，彼此面對面，互相看得見。

當老師問問題，只要舉手，就可以搶答。老師會看舉手速度，決定找誰說答案。有時，為了「輸人不輸陣」，很多小朋友雖然不知道答案，也會跟著對面或旁邊的同學一起舉手。

結果是，老師問一個問題，全班的同學都舉手了，好像每一個人都知道答案。被老師叫到，答對了，全班會鼓掌。萬一沒能被老師叫到，不論原本知不知道答案是什麼，都會因為自己有舉手，而感到很有面子。

如果一開始就是「輸人不輸陣」，卻剛好被老師叫到了，不論說不出答案，或瞎掰，老師都不會責備。因為在老師看來，這個小朋友很勇敢，光是這一點，老師就覺得值得鼓勵。

我女兒的表現就不一樣。

她很客氣。也許從小受身邊大人影響，覺得「知之為知之，不知為不知，是知也」，所以，在課堂上，不會搶答，非得老師主動問她。華人嘛，個性比較內斂含蓄，能讓則讓，不善於表達或為自己爭取權益。

有一天，我們接到班上老師的紙條，上面寫說，希望做父母的我們，鼓勵女兒勇於接受挑戰，在課堂上要多一點參與，要發問，也要主動表達自己的意見。

當然，我們也口頭給女兒鼓勵啦，希望她能好好加油。之後，女兒似乎就變得比較主動積極。再過幾年，她大學畢業，修了幾個教育學分，就當起小學老師了。

我去參觀她教的小學的教室，看到班級座位的安排，與她小學時的情景，幾乎如出一轍。學生們參與的情形，熱烈活潑，個個能言善道，一點都不扭捏。

兒子是回到臺灣，從幼稚園開始，全是填鴨式教育。小學三年級時，他的中文程度就已經好到認得聖經上大部分的字，可以和我一起念聖經了。這是填鴨式教育的優勢之一。

國小四年級，兒子回到加州念書。已經習慣排排坐上課的他，來到美國，雖然覺得很不一樣，卻也喜歡。尤其，美式教育重視主動及實際操練，學校給學生的作業也很少，有時，他走回家的路上，就已經寫完了。

一年後，兒子回臺灣，繼續讀國小五年級。中西式教育穿插，他倒也沒有甚麼適應不良的問題，反而因為兩個學期在美國念書，受到美式教育的薰陶，他的心竅打開了，學習更顯得積極投入，也懂得主動關懷同學、熱心於班級的事務。後來，還被選為班上的模範生。

勤能補拙，懶是致命傷

再怎麼天賦異稟，「懶惰」都是成長或成功的致命傷。
秉持「一日三練，三日久練，久練成鋼鐵」的原則，
練就對了。練習加把勁，平凡人也能做不平凡的事！

每個家庭的每個孩子，資質不全然相同。有的聰穎些，有的就顯得平凡。聰明的搞不好「小時了了，大未必佳」，平凡的，自己加把勁，也可以做出許多不平凡的事。

我家兩個孩子。女兒從小時候就善於言詞表達，也因為聽多了錄音帶，變得比較會唱歌。十歲時，女兒想找一位女歌手，拜她為師，學聲樂。結果，那位歌手說，女兒年紀太輕了，怕傷害到聲帶，就沒能收她為徒。

聲樂沒有學成，我們讓女兒學鋼琴。找了好幾個不同的老師來家裡教，有的一次上課半小時，有的一次是一小時。但每個老師都在提醒「每天都要練習」。

身為爸爸的我，叮嚀更是不厭其煩。每天女兒一放學，回到家，我第一件事情，就是叫她「練、練、練」，一天至少要練上半個小時才可以。

勤練的結果，是女兒在念高中時，就已經通過檢定，能在教會禮拜時，擔任司琴伴奏的工作。

兒子的音樂細胞雖然沒有姐姐好，但他的音感還算不錯，所以我們也讓他學鋼琴。我們不是期待他能成為演奏名家，只求有一天，他也能夠在教會裡司琴。

還好兒子喜歡彈琴，不待大人吩咐，他有事沒事，就會在鋼琴黑白鍵上耗個半小時、一小時，一點兒也不覺得累。對兒子來說，彈琴反而能宣洩他煩雜的情緒，使他在繁忙課業的壓力下，獲得調適與喘息的機會。

之所以讓孩子學鋼琴，起初確實是大人的期待。還好孩子從小就在教會出入，常常聽到琴聲，耳濡目染，在要他們學琴時，他們不但沒有反彈，還很有興趣。因為認真練習，在教會，都還能派上用場。

後來，他們看到許多年輕人會彈吉他，也主動練起吉他來了。即使少了大人的耳提面命，卻由於自己喜歡，練習也練得起勁。現在的他們，都是可以自彈自唱的高手。

我在警察大學念書時，選修柔道。一個禮拜就兩小時的選修課，若沒有勤加練習，根本學不到什麼真正的功夫。那時，我身高一七二公分，體重只有六十二公斤，想和壯碩點的同學摔柔道一較長短，門兒都沒有。

可是，就因為我勤練，上課從不摸魚，秉持「一日三練，三日九練，久練成鋼鐵」的練習原則。大三時，我竟然能突破先天的缺點，和那些大個子（都是一八五公分以上），一起被選拔為柔道校隊。

在我服務的更生團契少年學園裡，為了操練孩子的智力、體魄和堅定的意志，會要求他們要學會騎獨輪車。騎獨輪車，若練習不夠，腰部和腳部就不會有力氣。沒有力氣，就騎不遠，更別說要爬上陡坡了。

我就曾經看過一對分別才讀小一和小三的兄弟，因為勤練，不過半年的時間，竟然可以和一群國、高中生，一同完成騎獨輪車環島一千公里的艱鉅挑戰。

勤能補拙。**懶惰則絕對是成長或成功的致命傷，即便擁有再多優渥的先天或後天條件，都一樣。**

用「愛」把家填滿吧！

Give。花時間陪孩子，讓他們有安全感，就能感受被愛。
Forgive。原諒孩子無心之過，容許他們在嘗試錯誤中成長。
Never give up。真愛要等待，相信「天生我才必有用」。

社會上，常常會聽到「信、望、愛」這三個字，也有很多機構會以信望愛來命名。

這三個字最早出自於第一世紀的猶太人保羅。他曾經是一個逼迫基督徒的人，後來悔改，到處傳講愛的信息。保羅說：「如今常存的有信，有望，有愛，這三樣，其中最大的是『愛』。」

到底「愛」是什麼呢？

保羅又說，「愛是恆久忍耐，又有恩慈，愛是不嫉妒，不自誇，不張狂，不做害羞的事……」。這些定義比較屬於社會性的，特別是針對一般人在與人相處，彼此對待時，該有的態度。

過去，我談到有關家庭裡的愛時，曾在報章雜誌上，發表過冗長的七點：常在一起、多鼓勵、愛裡合一、不發脾氣、不輕易放棄……。時至今日，我覺得濃縮成：give、forgive、never give up，光這三點就非常足夠了。

給（give）他們時間。孩子最需要的是安全感，父母要能在他們的成長階段，花時間多跟他們在一起，讓他們感受到被愛。被愛的人，不會想要傷害自己，或別人。

我的兩個孩子，如今已經長大成人，也有了自己的家庭，卻常想要找時間與我和太太相聚，或再像小時候那樣子，全家一起去旅遊。**孩子不管長到多大多老，都需要父母陪伴，即使他們嘴巴上不說**。

爸媽如果可以經常在孩子的身邊，他們便能感受到：自己的存在很有價值與意義。日後對於自己工作、婚姻的經營，都會有足夠的信心。

寬恕（forgive）他們的過錯。人出生後，一直都在學習，過程當中，難免犯錯。好比喝牛奶，不小心就會翻倒杯子。比較情緒化的父母，忍不住就會打孩子。孩子還小，只會覺得自己很無辜，因為他不是故意的。

新聞常見的虐童案件，都源於大人的情緒化。因為不懂體諒孩子的年幼無知，自然不容許他們在嘗試錯誤中，學習成長。大人對孩子體罰或語言暴力，會造成一生都難以抹滅的傷害。

傷口，需要用「愛」縫合。沒能被縫合的傷口，會導致心理產生反向作用，孩子很可能會以「做傷害別人的事」，來舒緩內心傷痛。

永不放棄（never give up）。我們都期待兒女成龍成鳳，為家人帶來極大光彩。不過，有時難免事與願違。

好比真愛要等待一般，對孩子的期望也不能急。況且「天生我才必有用」。過個幾年，也許否極泰來，麻雀變鳳凰，朽木也能被雕成供萬人欣賞的藝術品。

我就有個朋友，小時候得了腦膜炎，IQ只剩70，從小學開始，考試都拿鴨蛋，一直拿到高中畢業。即使如此，他的父母與家人依然給予不止息的關懷。沒想到，嘗試了七次，才考上大學的他，最後竟能成為一位潛能開發專家，還幫助好多年輕人建立了他們的自信心。

充分自信，能保護自己

生活中，隨時都有增強自信的好機會（像是抓小強）。
先讓孩子相信「自己做得到」，再適時發放戰利品來獎勵。
強大自信，是他們未來勇於面對挫敗與苦難的原動力。

人的自信心，需要及早被建立起來，才不致於在遇見苦難的時候，就畏縮退後。如果從小經歷太多的失敗，卻沒有成功的經驗來平衡，人很容易在挫敗中自責。過度的自責會讓人一蹶不振，甚至想要放棄自己。這種人在監獄裡我常常見到。

自信心像極了人的免疫力。免疫系統要是失靈，身體就很容易生病。自信心不足的人，一不小心就會產生挫敗感。挫敗感愈重的人，坐牢的機會就愈大。

給學員們騎獨輪車，就是要給他們成功的經歷。他們從不會騎到會騎，從五公里到十公里，到五十公里，到一百公里，都成功了。還挑戰高難度的環島一千公里。任務完成，他們信心大增。從此以後，不再懼怕困難，因為最艱難的挑戰，都克服了，還有什麼事可以難得倒他們。而且環島回來，每個人都回學校讀書去了。我們輟學生的復學率，百分百。

某一年的暑假，我帶著一群學員，準備搭船到綠島去騎獨輪車。很多學員聽聞東部外海的浪濤洶湧，害怕暈船嘔吐，而驚惶不已，紛紛要向老師拿抗暈船藥吃。

我開始對他們信心喊話，叫他們先不必急著吃藥。我說：「我們來禱告。只要能不靠吃藥抗暈船，到了綠島，一下船，馬上給你們買大碗的剉冰吃！」

炎炎夏日，學員們一聽到「剉冰」，眼睛為之一亮，精神更為之一振。帶著他們禱告，還一起高喊口號：「我要靠主得勝！靠主得勝！我不暈船！」

一路上，風浪雖不大，船還是有點搖晃。整個航程約莫五十分鐘，學員們沒什麼騷動，大都安靜地待在座位上休息睡覺。下了船，學員們個個精神抖擻，爭先恐後搶著說自己「沒有吐，也沒有暈」。

於是，我帶著三十幾個孩子，高高興興地吃剉冰去。享受著他們自己靠著信心毅力，戰勝恐懼，贏得的戰利品。

同樣的獨輪車活動。二〇一六年暑假，是學員們要從花蓮騎上合歡山的八天行程。每天出發之前，我們便會一起用信心喊話「Yes！I can do it」。這一段艱難的旅程，仰賴強烈的信心支撐，才能挑戰成功，勇登高峰。

我與家人在臺北的住所，常看到蟑螂，女兒和兒子剛回臺灣時，很不習慣。一看到蟑螂，就歇斯底里地大聲喊叫，四處躲藏。擔心兒女在臺適應不良，影響身心，我得想想辦法。免得舉家回臺服務的好意，敗給小強。

過幾天，他們又因為小強而大喊大叫時，我趕緊跑過去，不一會兒就一把抓住小強，還假裝把小強放進嘴裡，慢慢地嚼食，故意發出「Hmm……」的聲音，頻說「好吃」。

孩子看我這樣做，目瞪口呆，以為老爸真的太厲害了，不但是他們的救星，也是小強的剋星。我順勢告訴他們，蟑螂哪有什麼好怕。以後只要抓到蟑螂，就給獎勵，一隻一百元臺幣。自此之後，他們看到蟑螂再也不逃也不怕了。

有天，我起床後，看到桌上有張女兒留的紙條。紙條上貼了一隻蟑螂的腳，寫著「這是昨天晚上抓的，只是被蟑螂跑了，只留下一隻腳。爸爸，這隻蟑螂腳，能有多少獎勵？」

照比例原則，那隻蟑螂腳大概只價值十元（甚至更少），但為了增加她的信心，我還是給了一百元獎勵。

成功靠實力，不靠嘴皮

為了增加孩子的信心，偶爾讓他輸他是個不錯的妙招。
但並非事事都讓。製造磨練機會，才能累積他們的實力，
像「非行少年」就靠實力，把自己的惡名變美名了！

兒子剛上國二時，身材還不是很高大。有次，我和他比賽腕力，故意放水輸給他。結果，他真以為把老爸打敗了。從此以後，信心大增，面對同學想和他比賽什麼，他往往不會因懼怕失敗而畏縮。**愈不畏縮，就愈有機會磨練，有磨練，就有實力。**

兒子在美國念高中時，第二外語修的是日語，因為曾在日本餐廳打工，有很多磨練機會，他日語講得就像日本人。上大學後，兒子每年暑假會和一群同學到日本，和當地大學生交流，除了教英文，也談信仰。由於常練習，他的日語至今仍相當流利。

我想起，剛到美國留學，為了賺點學費，有段時間，一週有兩天會去幫一位行動不便的義大利籍老先生。每次，四小時。去時，偶爾要整理家務。但老先生最喜歡的還是我陪他下西洋棋。我本來就會下象棋，老先生教會我西洋棋後，我融會貫通，棋藝進步很快，有時候還能贏他幾局呢。

可是，每次只要贏他，他的臉色就不好看，我也覺得好像做錯什麼事一樣。後來，我乾脆每一局都認輸。老先生「贏」了，總是非常高興，還會叫我開他的車，載他去外面館子吃飯。

我們教養兒女，當然不能什麼都讓。教他們努力地把事情做好，才能累積實力，真正學到一技之長。有了一技之長，才能在這競爭激烈的社會中生存。

在花蓮的信望愛少年學園，學生剛要開始學騎獨輪車時，幾乎每個人都害怕跌倒。教練總是這樣說「只要跌個一百次，就會了」，也就是說，每一次的跌倒，就更接近成功一步。

講歸講，如果光知道獨輪車的椅墊要調多高，腳要怎麼踩，身體要怎樣平衡，即使原理都懂了，沒有親自練習，一點都沒有用處。因為「沒有練，不會就是不會」。

就算已經學會了，會騎幾百公尺，也不會跌跤，但想要爬坡，得練腳力，才有力氣騎上去。要騎下坡，因為沒有煞車，也得練到腳力才可以操控速度，要不然，一定會人仰馬翻。

認真地練習，讓少年學園的孩子有了實力。二〇〇六年暑假，三十五位園生利用二十天，完成騎獨輪車環島一千公里的壯舉。這個過程被錄製剪輯成兩個小時的紀錄片，與二十幾集賺人眼淚的偶像劇——飛行少年。把「非行少年」的惡名變為美名了。

再經十年不斷地鼓勵，新的一代，實力更好，技術更佳。二〇一六年八月初，二十三位園生以八天時間，每天騎一段，把獨輪車從花蓮光復，騎經太魯閣山區，騎了兩百多公里，一直到合歡山的頂峰，攻頂成功。

沒有實力，哪來的壯舉。沒有實力，哪會被人瞧得起。光說不練，沒有實力，誰又會相信「飛行少年」不再「非行」了呢！

2 做情緒的主人——管理情緒

學會逃離讓人生氣的場合

爸媽要能妥善處理即將失控的脾氣，才能當個好榜樣。
年幼的孩子，尤其要大人當榜樣，與隨時在側的提醒與督責，
否則率性而為，為所欲為，容易養成自我為中心的罪性。

孩子情緒管控的能力，和他未來人格發展有相當密切的關係。從年幼時，就有大人陪在身邊，隨時提醒與督責，他們的人格發展多半比較正向。好比一株植物的幼苗，旁邊有柱子撐著，就不容易長歪。

監獄的一些罪犯，從小失親失養，沒有大人做榜樣，及時諄諄教誨，易率性而為，甚至為所欲為。從小就濫用自由，加上不在乎別人的感受，很容易做出傷天害理的事。

有人說，罪（SIN）這個英文字，S代表的是South（南方），N代表的是North（北方），I則是「我」，就是自己。指的是，天南地北，我是中心人物——我最大，我不聽神，也不服人。**自我中心就是人的罪性。**

罪性就是自我過度的膨脹。人自為是，自以為了不起，就會出問題。目中無人的人，一旦脾氣爆發，又沒有妥善地處理收拾，

就容易犯罪。監獄裡，多的是這種一時衝動，情緒失控，因而拿刀殺人、犯下重罪的。他們當然都很後悔。但後悔再多，人命也來不及挽回。

人都有情緒，大人或小孩都是。修養再好，都會有按耐不住、想發脾氣的時候。做大人的，萬一壞情緒達臨界點，脾氣就要壓不下來了，怎麼妥當處理就是一門學問。

我曾問過我們少年學園裡的生活輔導員：「如果哪天有個孩子向你挑釁，你的怒氣上來時，會怎麼處理呢？」

他說，他料想自己可能會出手揍人。所以，他只好選擇先閃避，避開那個讓人生氣的場合，好好地深呼吸，請別的老師來接手處理。沒錯，人在怒氣沖天的當下，無法理性地處理事情。

更何況，有時孩子鬧情緒，並不是針對某個大人，而是來自過去所欠缺的愛沒有被滿足，不平的事情又累積地太多，才會像火山爆發一樣。身邊這個大人，剛好就遇到了。

所以，**暫時離開，讓別人來處理，才不會因反應過度，一發不可收拾**。情緒化的反應，只會使事情更加複雜化。

我常勸個性比較激烈，容易發脾氣的大人，去掃廁所。愛發脾氣的人，個性很強，掃廁所則是最最卑微的工作。從掃廁所的過程，學習謙卑，可以消除囂張的氣焰。萬一怒氣再冒出來，也比較能被內在的生命力掌控。

為人父母者，是孩子的學習榜樣，更要管理好自己的情緒，不然，小孩子會有樣學樣。根據統計，會打老婆的男人，他們的兒子將來打老婆的機率，是一般人的七倍。

我家兩個孩子，成長在無肢體及語言暴力的家庭。後來，他們成家，婚姻都算和諧。他們對待孩子也都輕聲細語。孩子鬧脾氣時，他們會試著把孩子帶開，在別人看不見的地方，當面但小聲地訓戒，等孩子情緒緩和下來，再把他們帶回原位。

在少年學園裡，有個我輔導的小朋友。有次幫他剪頭髮，結果髮型不合他的意，他很生氣，雖然沒罵我，但就是悶悶不樂，還跑到戶外去打沙包出氣。別的老師看到了，安慰他說「牧師又不是故意的，也不是專業的，免費的嘛，還可以接受啦」。

我當然沒去向那個孩子解釋或道歉。我直接告訴老師們，以後剪的髮型他們若不滿意，就安慰他們說「頭髮像韭菜一樣，割了還會再長，別在意，下次剪好看一點就沒事了」。

還好，後來有志工來義剪，個個都是專家，想剪什麼髮型，就是什麼髮型，好像也就沒聽到什麼怨言了。

習慣善待人，不會想害人

心怎麼思量，人就會變怎樣。想法正向，難出現負向行為。
塞住惻隱之心，漠視別人需求，是一種不健康的自私心態，
灌輸孩子利他思想、體驗助人之樂，他們自然不會想傷害人。

人就是人，心怎樣思量，人就會變成怎樣。**平日想的都是正面的，他的為人也會很正面。**每天如常地起居作息，養成習慣，人格就養成了。就好像開車的人，遇到紅燈，根本用不著思考，腳很自然地會去踩煞車。

「習慣成自然嘛！」好習慣不容易改，壞習慣更是難改。不管是好習慣或壞習慣，一旦定型，就變成性格的一部分了。平日總是善待或惡待別人的人，都是存在不同的性格。什麼樣的性格，未來就有什麼樣的命運。

以前我念初中的時候，個個都是童子軍，不僅每天要穿著童軍制服，還要寫一段「日行一善」的記事，也就是每天要做一件好事，並把它寫下來，交給老師看。

年紀那麼小，哪能做什麼好事？無非就是在學校撿撿垃圾，回家幫忙做做家務事，都是一些微不足道的事情而已。

然而，卻也因此讓「日行一善」的觀念，根深蒂固。三年的初中生活，養成了「日行一善」好習慣，加上長大成人後，基督信仰的薰陶，只要是好事，天天都樂意付出。

付出，確實使自己得到更多的快樂，更大的祝福。二十多年前，有一次我走在路上，看到一個人跌倒在馬路旁，人來人往的，卻沒人停下腳步，伸出援手。我很自然的彎下腰，順手扶她起來。定睛一看，原來是親戚，是姐夫的老媽媽。她老人家已經八十幾歲，骨質疏鬆，一跌倒，自己就站不起來了。

我很納悶，為什麼來往的行人這麼多，沒有一個願意伸手援助？以前就曾聽人家說，看到老人家跌倒，千萬不要去扶他，免得老人家痊癒了，幫他的就得把壽數給他。意思是，扶老人家一把，要用上很多的力氣，自己反而會折壽。

這是迷信的論調，還是出於人性的自私，毫無根據。惻隱之心，人皆有之。把憐憫的情感塞住，對別人的需要冷漠以對，是一種很不健康的心態。因為這種不健康，讓很多人變得只圖謀自身利益，而忽略去關懷別人。

助人為快樂之本。我們幫助別人的同時，心靈上也獲得滿足與愉悅，這不但不會折壽，反而因為「喜樂的心乃是良藥」，變得比較健康。人健康了，當然就會活得更久。

兒子在讀國中時，我帶他到少年觀護所，探視他的隔壁班同學。那同學因常見爸爸打媽媽，脾氣變得很火爆。某次衝突，他持刀殺死一個十七歲的男孩。多虧後來很多人長期關懷他，加上被害者媽媽親自去監獄探視，擁抱他，也原諒他，讓這個孩子逐漸悔改，也力爭上游，在獄中考上大學。畢業後，已能在社會上立足，安分守己。

若人只顧自己，社會永遠不會進步，也不會祥和。永遠都在發生的刑案，像偷、搶、賭、騙、拐，甚至毒、殺，那加害人腦子想的，多半為了個人利益，才造成對社會的危害。要幫助他們過新生活，先要改變他們的價值觀，還有人生觀。

我在教孩子時，常告訴他們要「勇於付出，善待他人」。**我始終相信，灌輸孩子多一點利他的思想，給予體驗「助人之樂」的機會，他們就不會想要傷害別人。**

善用幽默，闖越情緒難關

幽默的話運用合宜，好比金蘋果落在銀網子裡，美麗無比！
學會從正向角度看事情，便可化大事為小事，小事變無事，
還能宣洩心頭壓力，讓日子過得輕鬆，呼吸更自由的空氣。

多年前，時任美國總統雷根遇刺。被子彈打中的雷根，緊急被送往醫院急救。第一夫人南茜一聽到消息，心情七上八下，猶如熱鍋上的螞蟻，緊張到幾乎難以呼吸。沒想到，一抵達醫院，雷根總統一句話：「親愛的，我忘了閃躲」，讓夫人南茜整個人像卸下了一塊大石頭一般，心情瞬間輕鬆了起來。

一句話說得合宜，好比金蘋果落在銀網子裡，美麗無比。在生死邊緣徘徊的時候，能夠有這樣豪邁的心胸及幽默的言詞，這也難怪雷根總統深受百姓的愛戴。

得過幾次金馬獎的知名演員孫越叔叔，曾做更生團契的監獄志工多年。有陣子，由我開車陪他入獄教化。他挺有幽默感。一上車，他會依照過往拍電影習慣——找到機會，就補眠。每次聊了幾句，他就開始打瞌睡。不過，當車上的人繼續閒聊，他卻能偶爾插上一兩句，表示他有在聽，沒有忽略我們。

有次，我的兒子見到他，向他自我介紹時，孫越叔叔便一直誇獎他「比爸爸帥」，這讓兒子覺得很有面子。而我這個做爸爸的，外貌感覺上是被兒子比下去了，卻也可以感受一下「一代比一代傑出」。何嘗不是美事一樁呢？

有幽默感的人，心胸寬闊，看事情從正向的角度去欣賞，就能度過難關，否極泰來。聖經說，「萬事互相效力，叫愛神的人得益處」。只要有愛，好事、壞事，拼湊在一起，都能成就一件美事。

那年，我們騎獨車環島，經過一些商店及住家時，有很多人站在門口為我們加油打氣。有個阿嬤帶著一個國小生在看。三十個獨輪勇士陸續出現，他們看得目不暇給。那個國小生也許敬佩眼前這些大哥哥們的勇氣和表現，吵著阿嬤說：「阿嬤！阿嬤！我也要騎獨輪車！我也要騎啦……！」

阿嬤幽了孫子一默，說：「你家裡不是有一臺兩輪的嗎？拆掉一輪就可以騎獨輪車了！」

臺灣很多人騎腳踏車環島，是為了健身，我們騎獨輪車環島，卻是為了磨練心志。當兩輪的車隊與我們獨輪車隊交會時，兩輪騎士會問：「喂！車子怎麼啦？是不是落（掉）輪？」

「沒有啦！兩輪的太貴，我們買不起啦！」我們也幽默回去。確實也是如此，兩輪的價格，好一點的都要上萬，一輪的大約兩千元左右就有了，差很大。

比起西方人，華人的個性相對保守。我們總是內斂含蓄，很多事情就算壓力很大，還是會壓抑不說，勉強地承擔下來。等到承受不了重擔的臨界點，就可能引爆心理疾病，或出現一些傷人傷己的行為。

日常生活中、與人相處時，增加一點幽默感，可以消滅心裡頭的壓力，讓情緒管理的能力慢慢增強。這時，便能做到「化大事為小事，讓小事變無事」的境地了。

幽默感是生活中的滑潤劑。有幽默感的人，比較不會計較，比較容易相處。他們可以從另外一個角度和面向看周遭的事，就像逃脫樊籠一般，呼吸更自由新鮮的空氣。短暫的人生歲月裡，幽默，能讓日子過得比較輕鬆愉快一些。

常說「謝謝」，不會變壞

叮嚀孩子把「謝謝」掛在嘴邊，是教禮貌，也教感恩，
這不僅代表內心的滿足，也是對施恩者該有的善意回應。
一個人「懂得感恩」，別人自然樂於對他恩上加恩。

我年幼時，就常聽老師提醒，要常說三句話「請」「對不起」「謝謝」。後來我孩子上學了，老師也這樣提醒。一直到現在，這三句話仍被視為重要，經常被貼在教室布告欄。

這三句出於禮貌性的言詞，應該要掛在嘴巴上的，但就是有些人沒有說或不習慣說。大概能從說「請」「對不起」「謝謝」的頻率，知道一個人是大老粗，還是很有教養。

粗魯的人，可能從小就沒有人教，也沒有學，所以講不太出口。至於能把「請」「對不起」「謝謝」三句話，常常掛嘴邊的，從小家人一定就對他有所要求。

我們一家四口在美國生活超過十七年，對於美國文化重視風度和禮貌，深有體會。美國家庭從孩子教養下功夫。大人會要求自己孩子們在與人相處時，善盡社交上的起碼禮節——有禮貌，還要有風度。這成了美國文化的一部分。

受到美國文化影響，我教導孩子要懂得禮節時，要求也是嚴格。比方說，有人拿東西送我兒子，我會提醒他「要說什麼」。等孩子說聲「謝謝」，才會被允許接受禮物。他不說，我們也不客氣。不可以拿，就是不可以拿。

不只對外人要有禮，對家人依然要求。連平常在家吃三餐，也是一樣。當大人遞給他們牛奶時，必須先表達謝意，說句「謝謝」，大人才會給，避免孩子覺得事事理所當然，什麼事都是「應該的」。我們教禮貌，同時也在教感恩。

教孩子「懂得感恩」，他們長大才不致於忘恩負義。一個知恩感恩的人，別人自然樂於對他恩上加恩。不知感恩，牲畜不如。羊會跪乳，烏鴉會反哺，為什麼人難以謝恩？因為人的天性就存在叛逆，沒有被教導，就難以被馴服或改變。

不只一個囚犯告訴我，「很感謝警察抓到他，更感謝法官判他刑」。還說，「如果沒進來關，可能會在外玩得太過火，而被人打死在路上」。確實，在牢裡能靜下心悔改，還能保住性命，讓人生重新來過，也算一種福氣，能不感恩嗎？

花蓮少年學園的教堂，取名為「一恩堂」，就是為了教孩子：做一個感恩的人。知道感恩，就不會再回去坐牢。

美國把十一月的第四個星期四定為「感恩節」，每年到了這個時間，就會舉辦感恩節活動。

有年，我們教會烤了好多隻火雞，邀請當地越南難民一起用餐，共度佳節。那時，我在美國政府上班，專門負責難民福利。難民有來自歐洲、亞洲，但最多的，還是從越南逃出來的。

當天餐會，我們邀請越南的僑領上臺致詞。說些什麼我記不太得了，但有幾句話令我印象深刻，至今仍覺餘音繞梁。他說：「對我們越南的難民來說，每天都是感恩節！」

確實也是。越南共和國政權垮臺，人民搭著小舢舨船逃離越共統治時，至少有一半的人是死於船難，或病亡，甚或被海盜劫持殺害。對於能活下來，得以在美國安居樂業的難民而言，真的每天都是感恩節。

從小就叮嚀孩子要說「謝謝」，對他們的情緒穩定很有幫助。簡單的一句「謝謝」，不僅代表內心的滿足，也是對施恩者應有的善意回應。當然，更是一種健康的心理狀態。心理若健康，日後人格的發展一定會很正常。

教孩子站別人立場看事情

沒同理心，會因心中冷漠而隨機殺人。這是真實案例！
偏偏年輕一代，太重視個人感覺，忽略去了解別人感受，
教孩子站在別人立場看事情，讓他們同理他人的需要。

我常跟學員們說「撿垃圾的人不會亂丟垃圾」。因為在撿垃圾的同時，會想到「為什麼有人要亂丟垃圾」，也會想到「亂丟垃圾不僅製造汙染，還要連累別人花時間、花氣力替他撿，實在很不公平，很不道德」。想通了，他們再也不亂丟垃圾了。

我讀警大時，校長來巡視我們的大寢室，發現垃圾桶旁邊有幾片橘子皮掉在地上，就破口大罵，說「你們內外不分，沒有原則，人格有缺失，將來一定會貪汙」。那一罵，我們都醒了。從此我不亂丟垃圾，也把亂丟垃圾當成是人格的缺失。

一個擁有同理心的人，一想到自己在公園裡吃完東西後，垃圾隨便一丟就離開，到第二天一大早、清潔工還沒上班時，去公園散步運動的人，豈不是因為看到許多垃圾，而覺得不舒服。像這樣，多替別人想一想，大概也就不想亂丟垃圾了。

把別人苦楚，看成自己苦楚，感同身受以後，就能與哀哭的人，一同哀哭，與喜樂的人，一起喜樂。社會上很缺乏同理心及彼此關懷。身為父母，這方面要多教導孩子。

我曾經輔導過一個惡名昭彰、已遭槍決的二十三歲死囚。他是極端的個人主義者。他說過：「別人的死活與我何干？我又沒有造福他人或其他家庭的義務和責任。」

他大概從小就沒被教導「要有同理心」。**沒有同理心的人，往往會因為心中的冷漠而隨機殺（傷）人。**此外，這個死囚還有一些似是而非的觀念，他曾說，「你消失就消失，我不會因為你的消失而放在心上，死雖然不能解決一切，但能讓一切消失不見」。可見他連人的生死，都沒有一點感受。我很好奇，他的原生家庭和學校教育，到底出了什麼問題。

我曾為了了解「人為什麼會坐牢」，和少年犯在獄中同住二十四小時。相處一天一夜後，我對這些孩子所需的，更能感同身受，也能體會耶穌說的「我在監裡，你們來看我」「你們做在一個最微小的弟兄身上，就是做在我的身上」的意義。

我聽有個醫生講過，醫德比醫術重要。醫德就是一種同理心的表現。他說，醫學院招生時，會在口試等候室裡，故意安排一個學生假裝病倒，並以隱藏攝影機拍攝等候面試的學生的反應。馬上起身協助的，有救治反應的，分數就高。相反的，一直坐著沒反應的，一副事不關己模樣的，就被淘汰。

人都需要互相關懷，才能共生共存。偏偏年輕一代，往往因為太重個人感覺，而忽略去了解別人感受。愈能站在別人的場看事情，愈能體會別人需要。當人人樂意成全他人需要時，社會就會更美好。

3

爲自己人生負責——
培養責任感

放手，讓孩子親自動手

熟能生巧。想做好一件事，得親自動手，才有心得。
愈不想做事，愈不會做事。沒機會磨練，什麼都做不好。
磨練讓生命變成熟。成熟的孩子才會開始學習負責。

我們都聽過「熟能生巧」（practice makes perfect）。想做好一件事，得親自動手，才能愈做愈有心得，愈做愈好。沒有機會去磨練，什麼也做不好。

我兒子在國一的時候，班上有一個活動，要他煎三十個荷包蛋帶到學校。我們幫他買好蛋，卻不能替他煎。因為老師說要「自己煎蛋」。也許帶到學校，還要被老師和同學們打分數。

看著兒子一顆蛋一顆蛋的煎，還頗有耐性的，煎得還不錯，火候也掌握地很好，沒有燒焦地太嚴重。大概是平常都有看到媽媽在煎蛋的關係吧。

不只煎蛋讓他自己來，我們也讓他自己掃地、拖地、倒垃圾。剛開始也許零零落落（這是必經的過程），但多做幾次，做久了，就能變得比較順手，環境也乾淨俐落。

有個女囚因爭風吃醋，殺害了同窗女性好友。服刑時，她的教授請我去輔導她，言談中，得知她在家完全不必做家事。因為在她媽媽的觀念裡，「萬般皆下品，惟有讀書高」。當她要掃地或洗碗，媽媽都說：「妳不必做，去讀書就好！」

後來，這個女生IQ很高，但EQ零蛋。**父母親什麼都替孩子做得好好的，孩子反而什麼都不會做。**沒有機會操練做事，難以體會人間的疾苦，與人的關係當然變得疏遠。只會讀書，不會做事、做人，又沒有學會負責任，就可能做出傷天害理的事。

有個單親媽媽，到辦公室來找我，說她兒子天天窩在家，不肯做事（工作）。她很煩惱，問我該怎麼辦。我問「兒子幾歲了」。原來她兒子已經三十幾歲了。我告訴她：「可能太遲了。」

她告訴我，本來兒子說要開計程車，她趕緊替他買了一輛車，但開沒多久，兒子說車子遭竊，她又準備給他買一輛。我要她把買車這件事緩一緩，讓我和她的兒子談談。

我們一起吃飯時，她兒子和我講話，別說眼睛不看著我，連頭也不抬起來。愛理不理，一問三不知。言談之中，就能明顯感覺到，這個三十幾歲的「孩子」是典型的啃老族，吃定老媽的那一類型。談了一次，就沒有下文了。好可惜。

現在年輕人很多都很宅，每天守在3C產品前的時間很長。靜態的活動很在行，但動態的，像打球、跑步變得很奢侈。沒有運動，體能就愈來愈差，身體不健康，做不了太多的事。愈不想做事，就愈不會做事。

我很感謝以前在美國銀行上班的一位上司。她是日本人，叫Michio。我不是學銀行的，對業務不熟悉，每次碰到問題，問她時，她不會馬上給我答案，反倒叫我「先想想」。的確不錯。經過幾番思考及嘗試以後，答案也就出來了。

從自我磨練而得的成果，就化成自己生命的經歷，這些經歷，會讓人更加成熟。憑藉過去磨練而來的經歷，就能開始負起責任。負責任的人，不怕成為別人的累贅，反而會因樂意付出所學，可以造福整個團體，整個社會。

孟子說，「天將降大任於斯人也，必先苦其心志，勞其筋骨，餓其體膚……，增益其所不能」。當然，父母沒必要用到太過激烈的手段，讓孩子勞累飢餓到不行，不過，讓他親自動手是必要的，其中有些小插曲也是必然的。放手，讓孩子學著做吧。

要求孩子：自己收拾善後

盡責，是努力做好分內的事，不必與人計較誰做多誰做少！
要求孩子收拾「玩」後殘局，是讓他善盡責任，學會自我管理，
有掌控管理好心與行為的自制力，長大後才有能力領導別人。

我小時候，生活比較窮困，我們家小孩沒什麼玩具可玩。因為買不起，只好廢物利用，自己做一些小東西當成玩具，玩完了，隨手一放，東西少又小，也不大會影響家人或居家觀感。

現在的孩子可幸福了，擁有一大堆玩具，或兒童讀（繪）本，這些玩物可能在房間、在客廳，甚至還有個專屬的玩具間。孩子好奇心強，玩具總是一個接一個拿，這個摸一下，那個玩一玩。書本也是一樣，翻來翻去，有時這本，有時那本，還不時拿給大人，叫大人念給他們聽，陪他們一起玩。

偏偏孩子玩了半個鐘頭，一個鐘頭後，人累了，不想玩了，想要休息，也許吃點心，也許小睡片刻時。放眼望去，整個空間大概像是被小偷翻箱倒櫃一樣，狼藉不堪。

粗線條的父母，覺得無所謂。要撿不撿都沒關係，反正等一下，孩子還是會去玩，收了還是會亂，收了也是白收。細心一點

的父母，肯定會叫孩子先收拾殘局，再讓他休息。

讓孩子自己收拾殘局，表面看來是整理環境，實際上是在建立他的責任感。為了讓孩子學會負責任，不玩了，總要叫他自己把玩具，或書本全都歸原位。這樣才能讓孩子學著自我管理，學著為自己的所作所為負責。

懂得自我管理的人，可以治服己心，就是擁有掌控管理好自己的心的自制力。治服己心，強如取城，長大後有能力去領導別人。不會管理自己，內外生命力都軟弱，連自身的問題都不能掌控，哪有辦法開創未來。

我曾在軍中服役一年，在澎湖連隊裡當少尉軍官。少尉配置有步槍一把，常會帶著槍到戶外演習與打靶。由於每次使用後，沒有及時把海風吹拂過的鹽分擦拭乾淨，過一陣子，槍枝竟開始生鏽了。連長看到我保管的槍枝有鏽，立即糾正我，叫我要善盡責任，管理好自己該做的事。

從這件事情，我也學到功課。身為軍人，槍枝是第二生命，打靶結束了，就應該把槍枝擦拭乾淨。這是善後，是起碼的功夫。如果沒有善後，就是不負責任。不負責任，做事等於半途而廢。成事不足，敗事有餘。

要成為一個盡責的人，除了要努力做好自己分內的事外，不必去與其他人比較。因為一旦計較，難免會因眼紅、嫉妒或自誇，而影響到人際關係。

有次，少年學園的學員們舉辦獨輪車比賽。八公里的爬坡路段，誰騎第一名，就有獎品——照相機一臺。大家都很認真拚命地騎。結果，最後是六個人同時騎到終點線。哇！有六個第一名，但照相機只有一臺。還好因為大家彼此體諒，彼此推讓，沒有一個人有私心想獨占鰲頭，獨享好處。

年紀輕輕的他們，就有這種捨己精神，顧念團體和別人需要，不計較個人得失，實在非常難得。所以贊助相機的人，就很感動，另外再多買了一臺照相機，讓六個第一名一起共用。

平常學園裡的小朋友，騎完了獨輪車，我們都會叮嚀他們把車子掛好，髒了就要擦乾淨，不然，也容易生鏽。打籃球亦然，結束了就應該把球放回原位。講歸講，有時還是會看到亂放的獨輪車，甚至籃球掉到水溝裡，也沒人去撿回。有些還不懂負責的小朋友，總會習慣把善後的工作留給別人。

若孩子年幼時，就有人耳提面命教他要求他處理善後，日後，他就比較懂得負責盡職，成就也一定會不同凡響。

分派工作，給予操練機會

把握時機，分派任務給孩子，讓他們獲得基本的生活技能，
大人善盡督導責任，用鼓勵化被動為主動，這樣會愈做愈好。
有人教，孩子就學。有學，就有進步。久了便能勇於任事。

少年學園的孩子，每天晚自習後，在所居住的大樓內，都有他們該打掃的環境區域。早晨起床，到籃球場做早操運動後，就用早餐。用完早餐，大約有十五分鐘的時間，有的人要掃地，有的人要負責在餐廳擦桌子，擺椅子，有的人要洗碗盤。

雖然短短幾分鐘，但人人都按所分派的任務認真去做，效率就會很高。做多一點的，我們就視為打工，會給予鐘點費當獎勵。不過，如果是放假，時間多一點，就會讓孩子洗自己的碗盤、筷子，給他們操練勤快，磨練心性的機會。

我自己的兩個孩子，在正常家庭中成長。大的自然會照顧小的。家裡清潔衛生的工作，像倒垃圾、洗盤子，等他們的個子長到一定高度，我就會分派他們協助。雖然幼小，但因為有人教，他們就會學。有學，就會進步。

有些孩子天生比較被動，要化被動為主動，就要多鼓勵。我常用一個故事，鼓勵學生。日本有個年輕人，出身貧窮，但他很認分，做事很認真。到公司上班時，剛開始是掃廁所，但他天天都把馬桶刷得乾乾淨淨，老闆來巡視時，他還舀馬桶裡的水起來喝。老闆看了非常感動，以他為榮，並升他職務。

我曾經邀請過一位典獄長來勉勵學員。演講過程中，他提到自己是如何鼓勵年幼的兒子：

> 有一天，我問兒子，「長大以後，想要做什麼呢」。兒子告訴我，「我要當清潔工」。其他家長聽了，也許臉色會鐵青，我猜，如果當時孩子的媽也在場，大概會氣到暈倒。這些人想的是，「好家庭出身的孩子，怎麼可以去做那種卑微的工作呢」。
>
> 我想的是，若刷馬桶能乾淨到水都可以喝，當一位清潔工，也可以把馬路、水溝清理地乾乾淨淨，讓用路人心情舒爽，這也

是對社會的貢獻，也值得嘉許、肯定。所以，我告訴兒子：「好啊，那你要加油，行行出狀元！」

事隔幾年，典獄長的兒子大學畢業後，考上研究所，專門在研究水汙染的問題。這與當初立定成為「清潔工」的志向類似，都是在保護環境、美化所居住的地球。

回到臺灣之後，我在更生團契服務。我會分派工作給員工，也會給予指導，久了之後，他們經驗值變豐富，都看自己為小主管，並且勇於任事，忠於託付。

好比第一次要孩子拖地，沒經驗的他們不知道要將拖把先洗乾淨，也不知道拖地前要把拖把水擰乾淨。所以，父母要先教育，要不然，只會愈拖愈髒。**給予孩子機會磨練，也要善盡督導責任，這樣他們就會愈做愈好。**

先有所不爲，才能有所爲

作息不規律，身體衰敗，精神不濟。這樣做不成什麼事。規定孩子幾點睡覺、起床，限制他使用３Ｃ產品的時間，因為唯有先教孩子有所不為，將來的他們才能有所作為！

小時候，鄉下還沒有電，我們家點的是煤油燈，後來有了充電的大電池，家裡就明亮了一些。那時，為了要省一點油或電，晚上吃過飯，如果沒什麼事，我們就會趕緊上床睡覺，隔天早晨天一亮，自動就起床了。要準備上學的，用過早餐，再走個半小時路程，到鄰近城鎮的小學就讀。

當時沒有電視電腦，也沒電話，生活很簡單。鄉下空氣好，雨水陽光充足，綠色植物到處都是。家裡吃的是自己種的菜，配的是乾淨河圳抓回來的魚蝦。日子過得規律，心情也顯得愉快，很少聽哪個叔叔阿姨生什麼重病。

正常而規律的生活，不抽菸，不喝酒，不忮不求，淡泊名利，心情又愉快，確實能使人的身體變得更加健康。健康的人不必請病假，忠誠殷勤，做起事來，生龍活虎，幹勁十足，效率又高。這種人老闆最喜歡，交辦任務，肯定負責到底，不負眾望。

從鄉下到臺北讀中央警官學校（後改名為中央警察大學）後，對於學校規定幾點起床，幾點睡覺，我都很適應。因為在鄉下就是這麼單純地過日子。可是，仍然有一兩個同學，早上六點老是叫不起來。同樣晚上十點就寢，睡滿八個小時，應該是夠了，但他們就是習慣性賴床。

讀中央警官學校的我們，將來是要當警官的，在校食衣住行都需要考核，學業與操行成績若不及格，就可能遭到退學。早晨起不來的同學怕被扣分，起床號一響，只好勉強起身，但還是坐在榻榻米的床墊上，繼續打盹。

當值星長官在走廊，會再度喊大家「起床」，並走進查房。看到有人還坐在床上，就會說「坐著不算」。這句「坐著不算」，後來成了我們學生閒談的話題。我們都了解長官的關心與愛護，他大概不忍心扣我們分數，於是一再警告。

物移星換，時代在變，現在的孩子事情太多，但為了健康，還是得要求他們生活規律化。**起居作息不規律，身體容易衰敗，精神也會不濟。這樣就做不了什麼事。**

偏偏電視電腦普及，有不少精彩的節目要追，Line及FB又有多少訊息要讀要回。連晚上睡覺時間，都有訊息進來。孩子的作息，若沒好好管理，可能還會蓋在棉被裡偷偷地看。3C產品可真把孩子們搞得晝夜不寧。

所以，父母限定孩子使用手機的時間是必要的。一旦濫用成習，想重新規定，或予以沒收手機，都容易鬧出家庭革命，甚或引起小孩反彈，為了一隻被沒收，跳樓上吊，鬧出人命。

先教孩子有所不為，他們將來才能有所作為。在他們還就讀國、高中，尚不能自我節制以前，一定要規定他們幾點鐘睡覺，幾點鐘起床，而且睡就睡，手機還要交出來保管才行。

學會負責，才算長大成人

學海無涯。早學，早會。不學，永遠什麼都不會。
給孩子「學負責」的機會。懂得負責，才能成為成熟的大人。
願意負責的人，安分守己，自然遠離社會問題或犯罪根源。

人的一生都在學習，學海無涯。早學早會，不學，永遠什麼也不會。像我們學員騎獨輪車，學久了，技術不錯，老師就派他們當領隊，帶著其他學員到外面練習，當教練的助手。愈做愈有經驗，以後自己也可以當教練。

我兒子讀大學時，每年暑假都會跟一群學生到日本，在日本大學裡幫助學生學習英文，並分享美國的風情民俗及信仰。出發前，很多事情要準備，像募款，聯絡，訂機票等，這些責任的統籌，通通會交給一個人去負責。我兒子平常就很熱心，樂於助人，好幾次他都被推選為負責人。

做了幾年，愈做，他就愈有心得。畢業後，由於這些行政經驗，他很快就找到工作。做了三年，有了一點儲蓄，獲得大學時一名女同學的青睞，也得到雙方家長的祝福，就結為夫妻。婚後第二年，就生了孩子，我也跟著一起升格，做人成「公」了。

我在美國研究犯罪學，知道美國黑人只占美國總人口的13％，可是犯罪率偏高，在獄中坐牢比例就有45％，約是一般人的三倍。探討其原因，最大的問題就是：男人不負責任。

黑人以前在當白人奴隸時，被當成「財產」看待。白人認為奴隸是用錢買來的。主人為了讓家中的財產多一點，在女奴到了可生育的年齡時，就讓男奴跟她生孩子，生下孩子以後，男奴什麼責任都不必負。

因為這種背景，黑人很少有責任感。更可怕的是，尚未成年就在生小孩，生了，也沒在管。沒有父母在身邊管教，很容易就犯罪。加上出獄後得不到社會認同，對執法人員稍有不服行為，遭白人警察就地格斃的案子，就層出不窮。

我以前在美國大學的餐廳打過工，有一個黑人同事，知道我是警察出身，跟我透露，他家親戚幾乎每個人都坐過牢，只有他例外。我聽了，不勝唏噓。如今，黑人犯罪仍是美國嚴重的社會問題，而且無解，除非改變他們的觀念和家庭制度。

我輔導過一個孩子，長得眉清目秀，但父母都因吸毒而坐牢。我帶這孩子和他姐姐到監獄探視媽媽，三個人抱在一起哭泣時，看的人都動容。可惜，這孩子後來逃離學園，沒有再升學。十九歲不到，就讓一個女孩懷孕，雖有辦理結婚，但生第二胎後，兩人就離異了。孩子的媽出獄後仍然持續吸毒。前幾年，因吸毒而精神恍惚，在浴室跌倒後過世。

這個家庭，簡直像美國黑人的翻版。父母是榜樣，是孩子學習的對象，本來就不該抽菸、酗酒、吸毒。他們有義務給孩子學習負責任的機會。**有了責任心，孩子才會安分守己，才能像個成熟穩重的人。**長大後，有人委以重責大任時，他們才能忠於所託，達成任務。

4

贏得好人緣——

經營人際關係

防止自我無限放大的方法

太多自我，傷害人際。參與團體活動，就有被提醒的機會。
要了解成員重要性，還要讓孩子盡到融入團體該付的心力。
好的人際關係從「服務」做起。有大我胸襟，人緣跟著好！

每一個團體都有人，若有兩、三個人就可算一組，九個人就可以成一班，團體愈大，人數愈多。人數多，事情也跟著多，但人多，確實好辦事。然而，辦不辦得了「好事」，還得看是什麼樣的人，參加什麼樣的團體活動。

如果是「公益團體」，主要目的是利他，有幸獲得大眾捐助，就能做出許多有意義的事。至於「營利團體」自然要利我，不然沒有收入，也難以繼續生存下去。

孩子應該從小就要鼓勵他們參加公益團體的活動。**讓孩子體會融入團體生活所需扮演的角色、所要付出的心力，與試著去了解每一個成員的重要性。**

更生團契經常舉辦活動，像是帶領刑案的被害人家屬去戶外郊遊踏青。其實，光是四十人參加，從事前的聯絡、通知、租車、採購等，就夠忙了。負責籌劃的人通常最忙碌，但若被分派到工作的人，每一位都能認真投入，達成任務，負責人就不會那麼辛苦了。

有次，我邀請一位從事旅行業的朋友，來參加教會三天兩夜在山上的靈修營會。那趟參加的人約六十多人，開了兩輛十五人座的小巴及幾輛小轎車。

抵達目的地時，這朋友看到每個人都在協助卸貨，或搬運營會所需東西，而不只顧拿個人行李，就很驚訝。他說：「奇怪！我帶團都一個人忙地要死，你們怎麼不一樣！」

我告訴他，教會裡的每一份子，都了解團體需要分工合作，一起努力，團隊才能順利完成使命。旅行社則是營利組織，參加旅行團的人都已經繳費，大部分的團員覺得花錢是來享受的，當然不會想替別人服務。

不管是什麼樣的團體，只要人多，事情就會變複雜。像「集合」。公益和營利團體的人都一樣，講好幾點幾分，總有幾個人會遲到。像「吃飯點餐」，沒有提前勾選的話，屆時一定大費周章，遲疑難決。發生這些事情時，如果有人在自我檢討或被提醒後，尋求改進，下次再參加，就會很受歡迎。

為了提醒「不要有太多自我」，免得傷害人際關係，我也曾經在團體遊戲中，用「自我介紹」來操練孩子。

在遊戲的過程中，只能使用一個「我」字來自我介紹，多說一個「我」，就扣一分，從一百分開始扣。到最後，看誰的分數高，就算贏。結果，那幾場遊戲玩下來，沒有幾個分數高的，因為「無我」的人真的太少了。

我過去參加許多的國際活動，主辦單位都會盡心盡力，各國的代表，一想到會場上擺放著自己國家的國旗，就更戒慎恐懼，免得在會場言行稍有閃失，就影響國家的名聲。確實，多多參加團體活動，就有更多的機會提醒自己。**當自我控制的能力愈成熟時，人際關係就會愈好。**

人生以服務為目的。良好人際關係，可從替人服務做起。利他思想是「大我」，利己主義是「小我」。有大我的胸襟，多關心別人，就會到處受人尊敬。

對人尊重，贏回別人尊重

這是一個悖謬的世代，孩子對人的尊重，父母得好好要求，以免養出自我膨脹，目中無人，狂妄放任，放縱私欲的大人。好樹結好果子，壞樹結壞果子。尊重別人者，別人也尊重。

在美國晨跑，碰上有人從另一頭跑來，在面對面交會時，雖然不認識，都會打個招呼，說聲「Hi」或「Good morning」。這是西洋人的禮貌，華人在美國住久了，也會這樣做。

可是，華人見到華人，不一定會打招呼。特別是現在，中國大陸移民來美國的人愈來愈多，華人走在路上，碰到華人，很少像白人或黑人那樣，會主動打招呼。若我先打招呼，對方也許會回應，也許不會。這是文化差異的問題。

華人有華人的思維，雖古人說「敬人者，人恆敬之」，卻好像都用在認識的身上。彼此認識的，我才展現我的敬意。不認識的，等同路人，與我何干。所以，就不打招呼了。

西洋人的想法就比較單純。你是人，而我也是人，路上見到面，管他認不認識，彼此打個招呼，代表的是對人的尊重。這是人與人相處，最起碼的風度。

我在美國住過十七年，剛回臺灣時，習慣性地碰到人仍會主動打招呼，卻反被以異樣眼光看待，以為我的腦筋有問題，或心存不軌，想占他的便宜。

後來，我懂了。不認識，就不用打招呼了。古人所說的「敬人者」的「人」字，似乎被誤解為「認識的人」，這和西洋人的觀念——「人就是人，天生平等」，有所不同。

我的兩個孩子回臺灣後，沒事就盯著電視看。我下班回到家，大門一開，走進屋子，他們照樣看，彷彿沒有看到我這個人，連招呼都不打。我心想這樣不對，要趕快教。

於是，馬上叫他們關掉電視，站起來。說：「從今天起，我回到家，你們得站起來，向我問候『爸爸回來了』。說完，才能繼續看電視。」

後來，他們果真都照我說的做。我太太把一首兒歌拿來教他們唱：「爸爸回來了，對我微微笑，慢慢拿出來，一掛大香蕉，弟弟妹妹吃了都說，嗯！香蕉滋味好！」

臺灣軍警彼此見面會行軍禮，看到同樣是穿制服，官階低的會主動舉手敬禮，這是紀律的要求，不得不做。我很欣賞他們即使已經退休（役）了，看到以往同袍，還是願意舉手表達敬意，那就是真正出自內心，值得肯定。

我聽過在百貨公司上班的小姐說，公司為了業績，主管會要求她們從大門口到櫃檯，不論身在哪個空間，隨時要展現笑容。一天上班八小時都得維持嘴角上揚的表情，回到家後，臉部肌肉還會痠痛。但是，微笑帶來的疼痛有了代價，顧客滿意，公司賺到錢，她們就有薪水了。

這是一個悖謬世代，孩子對他人的尊重，家人一定要好好要求。免得他們以後過度自我膨脹，目中無人，狂妄放任。這樣的性格就可能抽菸、吸毒，酒後亂性而犯罪。因為「人必自侮，而後人侮之」，自己都不尊重自己的生命，放縱私欲，有一天就會承受苦果。

好樹結好果子，壞樹結壞果子。一個尊重自己的人，通常也懂得尊重別人，總有一天，能得到其他人的尊重。

和大人共事，學應對進退

帶孩子接觸外界，讓他看父母「如何處理事務及調適人際」，心智受到啓發，EQ跟著提高。懂得融合現況，不怕生或畏縮。這是給孩子穩賺不賠的投資，也是一種隔代且可傳承的祝福！

孩子一舉一動，幾乎是在年幼時向父母（或主要照顧者）學來的。父母的言行舉止，孩子們在身邊看久了，聽多了，耳濡目染的結果，他們幾乎就變成父母的翻版。

女兒出生到五歲，日夜都是我太太在顧，她是全職媽媽。在家，太太常打電話和人聯絡，有時一聊就是半個鐘頭、一個小時。女兒雖然在旁邊玩，其實都有在聽媽媽講什麼。

有時講到高興處，太太聲調會提高，也會大笑幾聲。沒想到，女兒才三歲，就會拿起家裡的玩具電話，煞有介事地模仿：「喔！是啊，是啊！喔……，對呀！對呀！」

那語氣和聲調，根本和她媽媽一模一樣。看女兒自得其樂對著玩具電話講個不停，我們一方面高興，一方面也有提醒。高興的是，女兒的學習能力不錯，沒有學習遲緩的問題。

該提醒的是，千萬別在孩子面前批評別人或爭吵，免得她有樣學樣，受到負面影響。有人說，「有什麼樣的父母，就有什麼樣的子女」，確實就是如此。

美國人常稱自己的兒子為二世（Junior），他們期待二世能擁有上一代的優勢，將來承襲家業，永續發展。因此做父親的與兒子的關係像朋友，會把兒子帶在身邊，一起外出活動，一起去打球、釣魚或露營等。

孩子與社會人士接觸多了，人際關係的磨練必有成效，人脈也就愈來愈豐厚，以後開創事業，或承繼上一代的產業，就能得心應手，並且還可以發揚光大，一代勝過一代。

像亨利福特做汽車生意，亨利二世就繼續做下去，事業的版圖，因上一代以前給他許多機會學習，他就有能力及人脈完成託付，開創另一階段事業的高峰。

花蓮少年學園裡有幾個老師，婚後生了孩子，仍然留在園區繼續服務，全家都與學員同住。他們自己的孩子與學員一起起居作息，接觸面變得很廣。

因為父母的關係，對外有許多接觸，與學生有許多互動，時間久了，他們懂得融合現狀，既不怕生，也不畏縮，人際關係遠比起一般孩子良好，應對進退有節，禮貌也十分周到。

大人常帶著孩子去接觸外界，是給孩子機會拓展視野，他們看到父母在處理複雜事務，及調適人際關係時，心智會受一番啟發，EQ會跟著提高，對未來面對社會有很大的助益。

給孩子多一點人際關係的接觸，讓他們看看大人「如何以正向的方式待人接物」，是給孩子們一項穩賺不賠的投資，也是一種隔代且可以傳承的祝福。

謙卑無爭，到哪都受歡迎

打好人際關係，謙卑很重要。偏偏天性自私自大，時刻蠢動。用教養來抵抗人性缺點，從小教孩子要謙卑忍讓、不爭鬥，讓他了解「滿招損，謙受益」。降卑自己，總有被高升的一天。

打好人際關係，謙卑很重要。但人要謙卑，實在很難。在社會上愈有成就，愈難謙卑。

已故拳王阿里（Muhammad Ali-Haj）剛拿到世界重量級拳王頭銜時，就說「像我這麼偉大的人，要我謙卑，很難」。不只世界著名人士難以降卑，人的天性多少存在自大，總會覺得自己比別人厲害，比別人更不可或缺。

謙卑指的是，採低姿態，看別人比自己強，能欣賞別人的長處，寬容別人的短處，不汲汲營營於賺取個人的利益，不會想去高攀權貴。所以聖者「愛而不受感戴，事而不受賞賜」，寧可自己孤苦，寧可自己受辱，也想對別人有幫助，讓別人得幸福。

可是，「人不為己，天誅地滅」啊，自私是人的天性。所以，從小就要教謙卑忍讓，不要爭鬥。如果沒有教，再小的孩子為了玩具，自私心一起，也會你爭我搶，互不退讓。

臺灣有個教授，年輕時在美國讀書，為人一向謙卑。當他的父親過世，母親打算要將遺產分配給他與哥哥時，他拒絕了。理由是，哥哥是長子，理應拿雙倍，他是弟弟，赴美國留學，已經花了家中一筆積蓄，不應該再拿。

媽媽覺得不捨，找到一些股票要給他，他還是不要。理由是，哥哥家的人口多，食指浩繁，而他家的人口少，收入也不錯，實在沒有必要錦上添花。他的哥哥感動之餘，叫家裡的孩子都跟著叔叔去教會學習。

社會上有很多人想當老大，監獄也是如此。我見過一個受刑人悔改信耶穌後，不但不爭老大，連當老二、老三都沒興趣。他實實在在地做人，寧願屈居下風，主動在舍房幫人服勞。很多獄友，看到他的行為，都會把不中意的日常用品，像肥皂、毛巾等送給他，他也樂得省下一筆購物費用。

大的服事小的，是謙卑；被罵不還口，被打不還手，是謙卑；行善不欲人知，是謙卑。謙卑雖降卑自己，總有一天，會被高升。有個我親身遇到的例子，說明起來更直接好懂。

有次，我參加看守所所長的交接典禮，由於平常就不慣坐在前排，那次我也在後排隨便找了位置就坐。典禮即將開始之際，臺上長官席還未坐滿，主辦單位覺得位置空著不好看，看到我，就下來邀我到臺上坐，我雖推辭，他們卻堅持，既推卻不了，我只好客隨主便，不敢拘泥，跟著上臺。

那次，我更體會古人所說「滿招損，謙受益」的道理，也深刻體會到降卑自己反而會升高。

驕傲取敗壞，路愈走愈窄

告誡孩子別得意忘形。誰都不喜歡自視甚高、剛愎自用的人。傲氣如臭氣，叫人厭惡、噁心。傲氣顯露，朋友會愈來愈少，「驕傲在敗壞之先，狂心在跌倒之前」，驕兵往往自取敗亡。

誰都不喜歡盛氣凌人，態度蠻橫的人。大家因為怕被傷害，都會離那種人遠遠的，他的朋友也因此愈來愈少了。所以才說，「驕傲在敗壞之先，狂心在跌倒之前」。

年輕時，我就聽人家說，神要毀滅一個人，必會先叫他發狂。發狂就是喪心病狂，任意妄為。要一個人失敗也很簡單，就是從小縱容他，讓他為所欲為。總有一天，他會因為放縱慣了，剛愎自用，不想聽勸。路愈走愈偏，甚至走上不歸路。

我輔導過幾個年輕人，幾乎都是生長在問題家庭，他們從國中開始，就加入幫派，吃喝嫖賭，混流氓。幾經勸導，他們和黑社會依然繼續聯絡。

離開機構後，更擋不住老大的威脅利誘。最後，一個因涉及殺警案，被判重刑。一個則是追隨老大，吸毒成癮，結果因用藥過量而嗚呼哀哉了。

猶太人很優秀，但自尊心很強，又很重視血統，所以一向認為非猶太裔的世界各國民族，都是「外邦人」（gentiles）。外邦人是輕蔑之詞，是指外來之人都沒有文化水平，賤如野狗，雜交亂性，了無價值。

也許是太自視甚高，縱然曾在亡國兩千多年後，於一九四八年復國，還是免不了因心硬、孤高自傲及種種原因，在二次大戰期間，遭遇希特勒屠殺六百萬人的厄運。

驕傲的人，不必在自己身上貼標籤，別人才看得見。只要對人冷寞，自覺高人一等，誠於衷而形於外，傲氣就會自然顯露出來。傲氣如同臭氣，味道叫人厭惡、噁心。

以前，我剛考上警察大學，不知不覺地走路都有風。畢竟鄉下人能夠不上補習班，就考上警大，很不容易，下意識裡大概也覺得自己挺了不起。

鄰居阿姨看到我走路時，頭偏斜，肩微晃動的樣子，也不客氣地提醒我。我才恍然大悟，原來，**人會在無意識的情況下，驕傲起來。若沒及時糾正，恐怕因此斷送前程，一敗塗地。**

讀神學院時，老師就一再警戒我們，不要以為去一間兩百人的教堂講道，有二十個人和你握手，說你講得好，就沾沾自喜，因為還有一百八十位聽眾，也許覺得不滿意。隨時都不要得意忘形，免得太過自信變自大，大意失荊州，因為「驕兵必敗」。

當時，陳進興在獄中悔改而信了耶穌，但槍決以後就有人批評，說「陳進興若上了天堂，天堂就被他汙染了。所以，以後他寧可下地獄，也不要上天堂」。這何嘗不是驕傲的心態，因為人上不上天堂，並不是可以自己決定的。

5 關掉恐懼與多慮——擁有膽識與勇氣

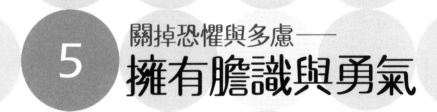

無懼向大人開口求助

年幼孩子沒經歷，沒勇氣，有需求常用哭用鬧達成目的，
學會言語表達，勇於說出內心需求，才能算真正成長。
孩子有請求，別急著質疑他，想想如何給力量，才是最實際！

年幼的孩子因為沒有經歷，也沒有勇氣，內心若有什麼需求，很少用講的，常用哭用鬧來達成目的。**讓孩子學會用語言表達，勇於把內心想法說出來，才能看到他們真正成長。**

在兒子四歲左右，有次，我太太帶他去一位蔡牧師家玩，玩了很久，玩到平常兒子應該洗澡的時間了，我的太太還是顧著與師母聊天。兒子不好意思去吵媽媽，卻直接跑去找牧師，說：「蔡弟兄，你幫我洗澡，好不好？」

蔡牧師聽了很是驚訝，「這孩子怎麼敢叫我幫他洗澡，還直接叫我蔡弟兄」。後來才了解，兒子三歲以前住在美國，經常參與教會的活動，平常接觸的人也多，早就養成不怕生的個性。加上教友彼此間，習慣以「弟兄」或「姐妹」相稱，所以兒子稱呼「蔡牧師」為「蔡弟兄」，並無貶抑不敬的意思。當天，蔡牧師還真的為兒子服務了。

有一個曾經在少年學園住過三個月的孩子，從小就被媽媽丟給阿嬤照顧，後來因阿嬤又說可以繼續顧他，便離開了學園，回阿嬤家去了。但沒有多久時間，出了不少狀況。阿嬤只要覺得煩，就會罵他。這孩子受不了阿嬤責備，竟跑去倚靠一個少年慣犯，兩個人常一起去偷竊。少年慣犯因此被逮，而這孩子雖然逃得快，卻因為被通緝也不敢回家。

不敢回家，又不能露宿街頭。這孩子想了很久，遲遲不敢下定決心，最後還是硬著頭皮，半夜來敲更生團契的門。我們當然認得這孩子，就接納他，讓他住下來，那時，我不知道他後來犯下的幾件案子。等法院通知來了，我們告訴他要勇敢面對。他離開少年學園犯的幾個案子，最後被法官裁定感化教育。

去了感化院的他，常寫信來，我也去看他幾次。經過兩年左右，感化即將期滿前，又收到他寫的信。他說，他已經悔改，希望人生有機會重新再來，並請求回團契居住。我們評估後，發現這孩子確實有進取心，主動積極，也就答應了。

果然，正如我們所料。這個孩子後來奮發向上，不僅繼續升學，也拿了好幾張技術證照。相信假以時日，完成學業後的他，應該是個可造之材。

曾有個少年學園的孩子問我「這一生有沒有做過什麼後悔的事」。我說，只有一次。在我高三那年，學校運動會我參加一千五百公尺徑賽項目，原本一直都跑在前第三名的，但最後一段路，卻被後面一個選手追上，以致我落居第四。我後悔，過去的努力不夠，沒有好好練習，才沒有得獎。

我反問他，有沒有什麼後悔的事。他說「抽菸」。他年紀輕，我勸他早日戒菸，便舉了幾個成功個案給他聽。由衷地勸他：「快戒掉吧！後悔，就要改。不然某天就會開始吸毒了！」

雖然吸菸的人不一定會吸毒，但菸毒不分家，根據統計，97％的吸毒者都是從吸菸開始。何況吸毒是一條不歸路，一日吸毒，終身戒毒，一人吸毒，全家受苦。

不論是半夜敲門的孩子，還是坦承「後悔抽菸」的孩子，慶幸他們能無懼向大人釋出「需要協助」的訊號。**身為大人，在孩子勇於開口求助時，別急著質疑他的能力或指責他的不是，拒之千里之外，更不是個好辦法。想想如何給予他們力量，才是當下最需要的。**

全家旅行，拓展見聞

窩居相同環境會畏縮封閉。世界很大，全家出門走走吧。不論旅程長短，是讓孩子開拓見聞，也製造家人團聚時光，看多，經歷多，碰到不如意事，反而看得開，不怕挫敗！

世界很大，有機會的話，帶孩子出國走走。看各國優美景緻，心胸自然跟著開闊。**看愈多，經歷愈多，以後碰到人生的不如意事，也比較看得開，不致於因畏縮而挫敗。**

在美國，有對夫妻找我談他們家兒子的事。兒子自小託外籍褓母照顧，每天大人上班前就送去褓母家，下班後再去接回來。日復一日，年復一年。這對夫妻不曉得，褓母常會辱罵兒子，導致讀中學的兒子態度強勢，脾氣火爆，還常找人打架。

他們把兒子帶來，問我該怎麼辦。我看這孩子，長得帥氣，也沒有衝動的氣息，也許是心理不平，責怪父母為何把他送去被人罵。我先安慰孩子幾句，也給父母建議。我鼓勵這對夫妻帶兒子去旅遊，三天五天都行，藉此建立親子互信。**增加孩子與大人相處的時間，無形中，就能彌補託嬰時期，不足的父愛與母愛，對改善孩子的暴戾之氣，也有正向幫助。**

夫妻倆真的聽我勸，出國旅遊一禮拜。讓兒子盡情地享受與父母同在的快樂時光，也飽覽美好風光。回來後，兒子因感受被愛，重燃生命契機，態度逐漸變得溫馴有禮。

這個孩子高中畢業後，志願從軍，被派到伊拉克，學著在槍林彈雨中求生存。幾年後退役，蒙政府優惠，免費進入大學就讀。畢業後，找到合適工作，且結識一位醫學系剛畢業的女孩，不久他們就結婚了，組成一個幸福快樂的小家庭。

這事雖然已過了好多年，我與這對夫妻還是經常保持聯繫，也為他們兒子的改變感恩。

以前，我會趁著兒女放暑假，帶著全家人一起去名勝古蹟或國家公園旅遊。不論旅程長短，總得把握「高高興興的出門，平平安安的回家」的原則。不僅讓孩子開拓所見所聞，也製造家人團聚的溫馨時光。

有時，因工作需求有機會出國開會，一去就是三天五天，要是太太和孩子的情況允許，也會跟著來。白天我在開會時，太太就帶著孩子到處晃晃，或遊覽景點，或逛街消費，晚上再回飯店休息。像這樣不刻意地安排，一舉數得。休閒娛樂，增廣見聞，開闊視野，回收最多的還是孩子。

來到少年學園的孩子，過去常常窩居在家，少有機會出門旅遊。要是父母離異，經濟上不許可，可能連到到外縣市玩一趟都沒有過。但進學園後，因為會騎獨輪車，常有機會出國表演，近一點的去一週，遠一點的搞不好要十天、兩週，像泰國、新加坡、香港、加拿大，我們都去過，美國也去了好多次。

到了當地，除了表演獨輪車，也帶著他們一邊旅遊。孩子們的膽識和人生經歷，因此豐富了許多。

認識世界，宏觀視界

與其讓孩子玩網路殺戮遊戲，不如帶他跳脫狹窄個人主義。透過認識各國文化、經濟和社會，會產生民胞物與的胸懷，看見民間疾苦，將喚醒孩子責任感，執行關懷弱勢的義務。

有一陣子，因為我常要出國參與國際監獄團契會議，家裡有張折疊的世界地圖，上面印了各國國旗和國名。當我翻閱地圖，讀小學的兒子會在旁邊看，邊看還邊問。

他對於旗幟似乎很有興趣，看久了，就記住各國國旗的樣子。有時，我隨手一翻，兒子幾乎能一一辨識。

從認識國旗開始，進一步透過書籍、影片或新聞，讓孩子認識其他國家文化、經濟和社會現象。這能讓他們因為認同，而產生民胞物與的胸懷。像是各國的政治體系、亡國的原因、導致富裕或貧窮的政策、值得參考或借鏡的模式等。孩子若是明白，會更懂得珍惜當下的處境，及目前所擁有的幸福。

後來，兒子回美國讀高中，房裡掛了一張美國國家美式足球聯盟（NFL）所有球隊的標誌，哪個標誌代表的是哪個球隊，他都能如數家珍的說出來。

兒子從小跟著我們大人跑這裡跑那裡，不僅對外界不陌生，甚至還對各個語言產生高度的興趣。高中時，他修習日語，上大學後，則是自學韓語、阿拉伯語。讀神學院時，還得加修希臘文和希伯來文。

因為對語言的興趣，他開始想多去了解不同的國家。**愈是了解各國文化社會的不同，或軍事發展的趨勢，愈能用宏觀角度，去看人生可能面臨的挑戰和結果。**

好比過去世界，國攻打國，民攻打民，搞得民不聊生。現今仍存在許多獨裁者，以內戰苦害百姓。受不了戰爭威脅，有錢人變賣家產，攜家帶眷逃到國外，沒錢人成了難民，能逃多遠就多遠。不穩定的政治局勢，害慘了多少老百姓。

讓孩子看見民間疾苦，幫助他們對世界產生責任感。一旦體會難民的苦楚，他們才不會只想明哲保身，不顧別人死活。因為同為地球村的一分子，人人都有義務去關懷弱勢，並維護這個地球的生態及命運。

如果沒人關心地球，地球遭殃，人類也必受其害。國與國相爭，炮火四射，每一個人都永無寧日。民與民不合，擄掠搶奪，每一個家庭都坐立難安，度日如年。

與其讓孩子玩網路、手機遊戲，打打殺殺，不如帶他們廣泛地學習與閱讀，跳脫狹窄的個人主義，胸懷世界。這樣一來，我們的下一代才能擁有遠見，樂為世界盡一己之能。

探監教孩子加倍努力

監獄是不自由的地方。期待囚犯在此，反省並改變。
帶孩子去關懷受刑人或更生人，甚至病患都無妨，
過程中，孩子能督促自我加倍努力，變得更勇敢成熟！

監獄是個不自由的地方，龍蛇雜處，各式各樣的人都有，但也是人才濟濟，各路英雄好漢的匯集之處。臺灣新的監獄都蓋在風景優美的地方，建築美侖美奐，不只很現代，設備也齊全，期待人犯在此生活，能好好反省，改變自己。

一九八八年，我從美國回臺服務，每天接觸的就是監獄的受刑人。服刑不用太久，大概四年，就會出現有依賴性、隱藏性、敏感性及報復性的「監獄化人格」，要跟這些人相處，得有超強耐性，不然，很容易失望。為了教化更多受刑人，幫他們改變生命，更生團契志工會定期到獄中協助，包括我妻子，她一個禮拜至少會到女子看守所一次，輔導女囚。

兒子上國小三年級時，有次學校辦母姐會，邀請家長到校參加。但那天我們夫妻正好都在獄中教化受刑人。老師問兒子：「你媽媽去哪裡？今天怎麼沒來呢？」

兒子答「媽媽在監獄」。老師覺得就算媽媽在監獄，爸爸也可以來參加啊，就接著問：「那爸爸呢？怎麼沒來參加？」

兒子說「爸爸也在監獄」。乍聽之下，老師差點嚇壞了。後來再繼續問個清楚，才鬆了一口氣。

我曾在少觀所輔導過兒子的隔壁班同學。輔導過程，我才得知這同學原本並非問題學生。不過，家庭確實有些問題，他爸爸常打媽媽。他心中積怨很深，卻無法渲洩。於是，某個聖誕夜裡，幾個人相約在操場烤肉時，一個一言不合，他拿刀刺死一個不認識的十七歲少年。

當初，為了讓兒子多經歷一些事，訓練他的膽識，我便帶他去探望他的國中同學。探視過程，兒子和同學分享信仰，並勸他悔改過去的犯行，努力讀書，重新做人。

探監結束，我們父子邊走邊聊，兒子說，這同學又高又帥，是籃球校隊，又很會唱歌，在學校很出名，人緣也很好，大部分的同學都搞不懂「他為什麼要殺人」。

我告訴兒子，也許是父母不和的問題，給他帶來困擾。當他痛苦無處可訴，無法宣洩，又沒有找老師或其他大人協助，一不小心就鑄成大錯了。

也提醒兒子，若往後碰到什麼不如意事時，千萬不要失控。向外求助，不論是找長輩或老師談一談都是好方法。悶在心裡，會悶出毛病來的。

趁著這樣的機會，讓孩子學會勇於關心他人，也學會勇於面對問題。學會了，在碰到難處時，就不會走向極端，而是會理性處理，找到適合解決辦法。

兒子的同學後來被判刑九年，進入矯正學校就讀。不久後，被害人的媽媽到獄中探視他，甚至原諒他，把他當成自己孩子。這同學在獄中讀完高中，並順利考上大學。畢業後，找到工作，安分守己，不再逞兇鬥狠。

經常關懷他人，不僅能訓練膽識，還能促進思考，督促自己加倍努力，變得更勇敢更成熟。只要取得監獄核准，每個人都可以去探監（未成年的孩子必須有大人全程陪同）。關懷不限於更生人或受刑人，我也帶過孩子去醫院探視病患，還曾跟周大觀基金會的周爸爸一起辦活動，到花蓮門諾醫院去關懷。

某年過年，我帶一批少年學園的孩子，到精神病院去彈琴、唱歌，表演獨輪車，給三百多個無法回家過年的病患欣賞。雖然精彩，結束後卻沒聽到掌聲。看孩子略感驚訝與失落的表情，我藉此教育「付出，不求回報」。

練習在逆境挺身站立

雖說「人生不如意事，十之八九」，但「天無絕人之路」。
碰到困難，孩子要有足夠勇氣面對，學著在風暴中挺身站立，
忍受得了挫折，就像一架飛機迎向逆風，最終仍得以起飛！

孫中山先生說過「人生不如意事，十之八九」。但上帝關了我們一扇門，也會為我們開一扇窗，好讓我們忍受得了那些不如意，而不致於因此灰心喪膽，了無盼望，毀了一生。千萬要記住古人教訓：「一枝草，一點露，天無絕人之路。」

天有不測風雲，人有旦夕禍福，即便已經未雨綢繆，有時還是「人算不如天算」，導致計畫趕不上變化。所以，培養孩子的膽識很重要。讓他們在碰到困難時，有足夠的勇氣去面對，正如麥克阿瑟《為子祈禱文》提到的「學習在風暴中挺身站立」，像一架飛機迎向逆風，仍得以起飛般。

二〇〇九年，我帶著三十幾位少年學園的孩子去蘭嶼騎獨輪車，歷經海空四小時漫長旅程，度過多少風浪顛簸，也不見他們畏懼。到了當地，在海邊公路騎車時，有一段路在山洞出口處，是著名的「風切」，風速如颱風，特別強烈。但孩子們仍接受挑戰，

二〇一六年，我與二十三位獨輪車勇士挑戰合歡山。登峰那刻，孩子與我激動相擁

個個卯足全勁，信心堅定，無懼橫逆，能騎就騎，不能騎就牽著車向前，總算衝破狂風，挑戰成功。

二〇一六年的暑假，少年學園選了二十三位獨輪車勇士，從花蓮光復騎往太魯閣，挑戰合歡山。這段路程一路是山，有些路段還是陡坡，非常難騎。多虧平常心理建設打得穩固，又有半年時間，在園區附近山區磨練體力、腳力、心力，才能忍受高山稀薄的空氣，克服萬難，終於在第八天，登峰成功。

學園裡的孩子大部分就讀學校日間部。一早會由老師開車送他們去學校，放學，再去把他們接回來。由於政策規定，學園孩子不能太多人讀同一學校，老師只好每天開車，在不同時間，分送學員到十一所中小學。

不過，有幾個孩子因為功課趕不上，進度落後，學校便建議他們改讀夜校，壓力較小。改讀夜校的他們，有的會利用白天去外面打工，賺取零用錢，也藉機學得一技之長。有的則留在學園內，配合園區需要，在麵包坊學做麵包、甜點，或處理各樣事務，也有成長的空間。

有個孩子在結訓、到臺北念大學時，去餐廳打工。由於人聰明，辦事能力強，從店員變店長。不但會做菜，也會做麵包和甜點。而且花時間受訓學習，參加競賽活動還能名列前茅。

大學畢業幾年後，他找幾個朋友投資，開了一間屬於自己的咖啡店。他知道餐飲業前一兩年很難賺錢，但他已經找到一些基本顧客，會定期到店裡來開會、喝咖啡。

期許他的經營，能因準備齊全而穩定。這是我所樂見的。不過，若抵不過大環境不景氣影響，我也不擔心他會因此挫敗倒地，畢竟一路以來，他早已練就一身無視橫逆的態度。

6 學習效果大躍進——兼顧課內外活動

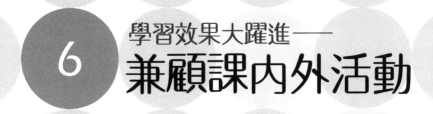

把課業當回事，才會進步

專注學習領域，相信「人一己十，人十己百」，終能進步。
好態度勝過好資質。漫不經心，應付了事，沒有學好的一天。
無論成績好壞，大人要盡量鼓勵，孩子才不會自暴自棄。

每個孩子的學習能力，有所不同。有的天生記憶力好，有的就比較差，尤其是父母都愛喝酒的，孩子記憶力顯然有差別。聰明的孩子甚至可以一目十行，資質比較差一點的，教他們一個字、一個字慢慢念，都有困難。

少年學園收容的孩子，都要去學校讀書，國中、高中及小學都有。像國文（語）、數學、英文等基本學科，通通都要上。好幾個學生有學習遲緩問題，所以放學回到學園後，老師還需要予以個別課輔。國文（語）還好，數學和英文的程度差多了，常常看到個位數的成績。

五十幾個學員，記憶力好的，實在不多。剛來的時候，教他們背英文單字，再怎麼鼓勵，背是背了，但一下子又忘掉。老師想盡辦法，十八般武藝全都派上用場，最後無技可施，還是以雞腿當獎品，才比較有效果。

學園的孩子常相約練吉他。練多練熟了，即興演出就是小CASE了

動腦和動手的項目，又有差別。有些記憶力不太好的，學科表現雖差，術科卻完全相反，棒球、音樂、美術、吉他、獨輪車，都是嚇嚇叫。有幾位挺有音樂細胞的學員，就靠每週有鋼琴老師來教，其餘時間自己練（學園有三架鋼琴），不出幾個月，就有好幾個學生，可以上臺隨興表演、自彈自唱了。

幾位就讀高職餐飲科的學員，把握平常在校的磨練機會，順利考到丙級執照。對電腦有興趣的，也因為專注於學習，拿到多張電腦程式設計方面的證照。

有一陣子，有位警局退休的警官，來到學園當志工，專門教學員柔道，還捐贈了柔道衣褲，讓我們只花一筆錢買軟墊，就把一間普通教室，變為柔道館。警官教練一週來三次，教學認真，學員們態度也不含糊，他們秉持教練的原則，「練柔道若漫不經心，應付了事，身體很容易受傷」。練了半年多後，指導教練很滿意，挑選幾位功夫好一點的，報名參加錦標賽。

從小女兒就展現對年幼孩子的興趣，在聚會時，常會講故事給小朋友聽。大人都覺得她是天生的老師。高中畢業後，她果然去大學念教育系，專攻兒童心智發展。畢業後，修習一年教師學分，之後也就成了專職的小學老師。

兒子在臺灣讀到國中畢業，才到美國讀高中，課業繁重，還好他用心學習，加上國中的老師注重成績與升學，對回家作業的品質要求嚴格，養成兒子對課業謹慎的態度。過去老師打好的根基，與自己認分而認真，知道到美國後，一切從頭，所以特別用功，課業都能應付。高中畢業後，順利進入期待的大學就讀。

「人一己十，人十己百。」專注於學習的領域，課業終究會進步的。**無論如何，大人要盡量地給予鼓勵，千萬不要因為孩子學習不好就放棄他，這樣孩子才不會自暴自棄。**

課外多磨練，成熟又穩健

教育家深知「課內學問固然重要，課外活動也不容忽視」，光讀書，沒有其他活動或娛樂，容易成為「兩腳書櫥」，唯有並重課外操練與服務，才能使孩子變得更穩健、成熟。

有很多大學，會招募一些擁有特殊專長的學生，他們可以不用經過學科筆試，而以個人專長或技能，保送入學。以前我所就讀的警察大學，有一段時間，只要是籃球明星或柔道有相當段數，就可以憑高中畢業證書，申請保送入學。學校因為有這些高手，而能在校際比賽中，大放異彩。

警大的保送制度，是向國外取經的。美國大學保送制度行之多年，精英教育一直是他們的原則與優勢。美國教育家深知，學生不能只會念書，也應該有其他強項。課內學問固然重要，課外活動也不容忽視，因為額外的操練，讓人變得更加穩健、成熟。

某些美國大學會在招生時，增加面試的項目，主要是要看看考生們的才藝。那些會演奏樂器或跳舞唱歌的就很吃香，因他們課外學有專精。即便不一定與所選科系有直接關係，仍比只會讀書的學生更有機會錄取。

一味地讀書再讀書，沒有其他的活動或娛樂，很容易就成為「兩腳書櫥」，離開學校，進入社會，不見得會有成就。有句美國諺語就說：「All work and no play makes Jack a dull boy（只有工作，沒有遊戲，會讓傑克變成笨孩子）！」

臺灣教育界也對此愈來愈看重。不只大專院校，甚至連高中都要求課外活動的表現，像是要求學生修服務學分，便是以志工服務經驗，來展現對社會的責任心。

少年學園裡的孩子們，功課表現雖然比較差，但在課外活動方面卻非常傑出。他們樂於參與社區環境清潔工作，做垃圾分類或在颱風過後打掃等。可惜的是，臺灣大部分的優秀大學仍以課業成績為重，分數不夠好，很難進得去。

還好園內幾個學生，過去曾參加鐵人三項比賽，並在六十六支隊伍中脫穎而出，獲得冠軍。這幾個學生會彈琴唱歌，又會跑，會跳，會騎獨輪車，體適能很強。申請大學雖然名校沒機會，但優越的課外表現，也獲得青睞，順利進入大學就讀。

犯下白曉燕命案的陳進興，在一九九九年伏法。考量他兩個兒子若留在臺灣，恐怕會因遭受歧視而無法生存，經一些愛心志工奔忙協助，輾轉送到美國讓人收養。收養他們的那家人很有愛心，家裡有五個孩子，又收養其他國家的十七個孩子。

二〇一六年，我得知陳的大兒子已經開始上班，同時是賽車比賽的選手。小兒子雖然體重與個子不如西方人，但防衛技巧過人，高中時，就是美式足球校隊。申請大學時，被一大學足球教練看上，甄選入學，成為校隊裡不可或缺的角色。

學業成績雖然不能忽視，但課外的專長、娛樂也不能少。**別因孩子成績不如期待，就而忽略其他方面的好表現，這些搞不好會是他繼續向學的籌碼。**多點磨練，行行都可出狀元。

廣泛學習的機會無所不在

誰說學習只能靠課本和教室，生活中能學的東西更廣泛。
透過打掃、養寵物、接待客人、參與團體、拆解組裝機械等，
孩子不只學會更多，還能驗證所學，何樂而不為呢？

二十多年前，我帶一位典獄長及一位兒童輔導員到美國德州卡法黎（Cal Farley）少年學園參觀，留下非常深刻的印象。當天，卡法黎學園為我們簡報後，找了一位十一歲男孩，帶我們四處參觀。驚奇的是，那男孩年紀雖小，竟能像個小大人般，介紹解說地非常清楚。一問，才知道他是有受過訓練的。

卡法黎學園占地約兩百公頃，收容約五百個園生，都在園區內的學校就讀。園生分別住在園區內獨棟，但分散的二十幾戶小家庭。每個小家庭約住十五個園生，由一對夫妻照顧，當他們的生活輔導員，負責起居作息。每個園生可以養兩樣寵物，藉著養寵物，觀察生命，欣賞生命，珍重生命，期待達到最高層次——奉獻生命。

參訪當天中午，我們三位訪客和全體園生在大餐廳一起用餐。圓桌式的餐桌，每桌坐十人。園生們遵循餐桌禮節（table

manner），個個彬彬有禮，輕聲細語。吃飽要先離桌，也得問大人：May I be excused（我能先走嗎）？

學園很大，養了很多乳牛，生產牛奶，自給自足。牛多半時間是由學生照顧。園內也養了馬，大小都有，還舉辦「Rodeo比賽」，是由園生扮成牛仔（cowboy）騎著馬，用繩索綑綁牛隻的技術競賽。比賽時，參觀的人非常踴躍，是園區的年度盛會。

卡法黎學園就像個小型的社會。除了住家、學校，還有郵局，銀行，目的就是希望即使是待在園區，園生依然可以接觸社會，廣泛學習，進而增長見識。難怪不少園生在進園前，還是讓人頭大的邊緣少年，但經過四年以上的調教，高中畢業後的他們，卻成了各行各業要爭取的對象。

參訪後，我積極籌畫辦理類似卡法黎學園的機構。二〇〇二年，花蓮少年學園蓋好，開始收容學員，並盡可能讓他們多方學習，所以不只騎獨輪車，還有吉他社，烹飪班，繪畫班等。同樣准許學員養兩樣寵物，最受他們喜愛的是獨角仙和鍬型蟲。

曾經，我們從外役監獄買過二頭小牛回來養，學員們還對著那兩頭牛彈吉他，想試試「對牛彈琴」是什麼意思，結果發現牛不是完全不理不睬，而是會看學彈琴的人，但有沒有聽懂，無從得知。後來，因為照顧不周，三個月後死了一頭，另一頭變得孤單無伴，再三個月，我們把牠賣了。

學園裡，能學的真的不少。有個對機械非常專精的志工，特地從外國訂了三輛越野休閒車，要讓學員練習組裝。車子零件抵達後，他還親自前來，找六、七個學生合作拼裝，每輛車要花上兩小時才能組裝完成。完成後，學員就在園區外圍「試車」，他們臉上洋溢著雀躍之情，大概難用筆墨形容。

選校系時，尊重孩子喜好

大學錄取率近百分百，成績是選校系準則之一，但非唯一。爸媽的想要與期待放一旁，優先考量孩子喜好、興趣，從旁輔導，教他們挑選辦學品質好的校系，並尊重他們所選。

目前國民基本教育已延長到十二年，一般情況下，國中畢業會繼續就讀高中，高中畢業，若經濟允許，進一步讀大學，應該也順理成章。何況現在到處都是大學，錄取率將近百分百，但要怎麼選，得先考慮孩子的需要和客觀條件。

以少年學園裡的學員們為例，由於高中時成績平平，他們想進入國立大學相當困難，於是老師就會依照學員們的興趣和就業需求，去輔導他們申請學校。

有的希望將來能像園裡老師一樣，幫助社會上的弱勢，去念社工系夜校，並利用白天來打工賺學費。有的希望有天能經營餐館，或到大飯店任個管理職，選擇了餐飲管理相關科系。有的對戶外活動特別有興趣，而且獨輪車騎得很好，把觀光休閒學系當成第一志願，希望有天當個教練或導遊。

比起成績優異的孩子，學園裡的學員們成績普通，能選的學校其實很有限，要是能進入有興趣的科系就讀，就很不錯了。

我美國很多朋友的孩子，成績都很優秀，高中畢業後，可以申請的大學多，自然就更講究了。有些人非名校不讀，有些人一定選擇離家遠的。選名校或許為了面子，選離家遠的，大概是為了享受自由，不想再受父母太多的拘束吧。

名校，也有風險。一是學費很貴，父母可能要賣掉房子，才能繳交一年的學雜費。二是學術程度要求很高，要是資質不好，課業壓力會很大，努力不夠，被當掉也不是不可能。

家庭觀念較務實的，會認為不必去計較大學四年是否就讀名校，只要離家近，學費不貴，學校風評也不錯，去讀又何妨。也許等到大學畢業、要讀研究所時，再考究選擇哪一間大學，猶未晚矣，等孩子拿到了碩士博士學位，以前讀哪一間大學，似乎也沒那麼重要了。

兒子在美國念高中，成績保持地還不錯，在申請加州大學入學許可時，有五間都願意收他。其中，柏克萊大學還願意給他百分之百的獎學金，因為我們算是低收入戶。另外，還有洛杉磯大學，不過獎學金就少了一半。

柏克萊離家近，約一個半小時車程，學校有很多教授都拿過諾貝爾獎，臺灣有些專業人士，也是從柏克萊畢業的。洛杉磯就遠多了，車程至少要六個小時。我跟太太都期待兒子能選柏克萊，不但省錢，又可以常回家。但彼此談論過程中，明顯感覺兒子似乎比較喜歡洛杉磯大學。

為此，我在獄中輔導重刑犯時，請他們為我兒子選校的事禱告——求神讓兒子選擇柏克萊大學。後來，兒子還是選了洛杉磯大學。有次，我問這些重刑犯「當初怎麼禱告」。他們幾乎都說：「我是為你兒子所喜歡的禱告。」

我知道，兒子之所以選擇洛杉磯大學，並不是因為那裡出名，而是他覺得柏克萊的環境較老舊，洛杉磯好太多了。而後，他亦忠於所選，盡到大學生應盡本分。

發展全方位，人格更完美

以「食衣住行、德智體群、育樂美靈」的全人教育為目標，孩子知道自己要努力的方向，爸媽還得陪在身邊提醒與督導，兼顧各方面的健全與發展，將使他們的人格更趨於完美！

國父孫中山先生在《民生主義》中提出的「食衣住行育樂」，指的是人類基本生活需要。其中，前四者是針對物質生活，後二者是針對精神需要。後來，有教育專家提倡「五育均衡」的健全人格教育方針，就是要民眾不只「食衣住行育樂」要滿足，在求學過程還得注重「德智體群美」，才算是完整地呈現人類基本需求，並達成健全人格的發展方向。

花蓮信望愛少年學園，對學員日常生活的考核，除了上述十一項外，還加上「靈」，合起來就是：食衣住行、德智體群、育樂美靈。這十二項包含身心靈的全人照顧，是希望學員能在各個方面都健全發展，讓自己在人格成長上更趨完美。

這十二項原則，適用一般家庭的孩子。孩子知道自己應該努力的方向，又有爸媽陪在身邊提醒與督導，要兼顧「食衣住行、德智體群、育樂美靈」，是可以辦得到的。至於，要做好這十二項，應該怎麼開始，怎麼引導，不妨參考我的作法：

「食」的方面。注意飲食均衡，不偏食，少吃垃圾食物。吃東西要有節制，不暴食暴飲。定時又定量，才能吃出健康。

「衣」的方面。冷時要加衣，熱時要脫衣。衣服為保暖，不必買名牌。穿戴要整齊，衣物常洗滌，晒（烘）乾後摺疊好，存放衣櫃裡。

「住」的方面。主動打掃住居環境，自己空（房）間要保持乾淨整潔，窗明几淨，空氣流通。個人的衛生習慣要留意，將心比心，同住屋簷下的人，才能愜意。

「行」的方面。外出注意自身安全。過馬路看前後左右。守法守規則，不無照駕駛汽機車。上下樓，多走樓梯，少搭電梯。

「**德**」的方面。注重品德塑造與人格培育。百善孝為先，教孩子孝敬父母，尊敬長輩。待人要有禮，態度要謙遜。與朋友交要小心，免得染黃、染黑，跌進大染缸。

「**智**」的方面。啟迪智慧，要多讀書，多思考，善用頭腦。吸收知識，學習不能少。每天的作業要用心做，準時完成，不拖延。經一事，長一智，多做事多成長。

「**體**」的方面。維持健康，建立運動習慣，操練體能，鍛鍊體魄。適度休息，不逞強。心情放輕鬆，身體跟著健康起來，這樣才有做事的能力。

「**群**」的方面。團隊生活要合群，群策群力，不要個人主義。懂得與人溝通、互動。考慮群體利益，不計較個人得失。

「**育**」的方面。學習的目的在於學以致用、服務人群，故學一技之長很重要。此外，對父母的養育之恩，要懂得感恩、報答，未來對兒女的養育之職，要盡責。

「**樂**」的方面。保持心情快樂，看影片，玩電腦，滑手機，不沉迷，娛樂與康樂，要適度適時。心中喜樂，面如春風帶笑容。音樂陶冶或樂器練習，也能忘記煩憂。

「**美**」的方面。看畫展，有助於美感的體驗，審美眼光的操練，與藝術創作。欣賞美景，能使人心變美。心美了，就不會想做醜陋的事，破壞美麗。

「**靈**」的方面。最主要是充實心靈，與精神溝通，如信仰基督，領受愛與新生命，心眼明亮，心靈開竅，人像復活重生。人有靈性，靠靈行事，樣樣有節制，生活就不逾距。

7 避風港永遠都在——學會愛家愛家人

父母的權柄不容忽略或鬆動

歪風吹襲的世代下，孩子受不良資訊影響，有樣學樣，
父母不管不教，會養出予取予求、難以合群的性格。
從小教孩子「父母是權威」，盡量將劣根天性連根拔除！

我經常要接觸很多行為偏差的青少年。有時，看著他們，我心也在流淚，想著「為什麼年紀輕輕，會搞到坐牢的地步」。讓來探監的父母、家人，隔著玻璃窗，望著眼前失去自由的孩子，頻頻拭淚，無言以對。

這是一個背逆權威的世代，這是一個歪風吹襲的世代。很多孩子受到不良資訊的影響，有樣學樣，或在學校裡受到委屈，無處發洩，反而回家對父母或手足大吼大叫。

在少年觀護所裡，我輔導過一個瘖瘂的孩子，約十二歲。有次，我要他畫家裡的人。

這孩子把媽媽畫地很美，並把自己畫在她的身邊靠著。爸爸則被畫地遠遠的，而且面孔歪七扭八，醜陋極了，不僅如此，旁邊還畫了一隻槍，槍口直指著爸爸的腦袋。我感到很好奇，用脣語問他「為什麼這樣畫」，他寫「爸爸會打媽媽」。

我徵得他的同意，在圖上畫了一隻十字架。我試著告訴這孩子，「不要槍殺爸爸，把爸爸帶來跪在十字架的面前，讓他向認罪悔改，好嗎」。他點點頭。家，本來應該是幸福搖籃，何竟成了犯罪溫床。家，本來應該像天堂，何竟成了戰場。

孩子年幼時，就要教導他們聽從父母。六歲前，在管教模式合情合理的條件下，非得把孩子教地百依百順。沒有在這個可塑性最佳的時機下功夫，把基礎打好，一旦天生就存在的頑梗性格顯露，就完完全全教不動了。

父母親若不管不教，或過度地寵愛，都會養成孩子予取予求的性格，導致他們除了社會上不服權柄，難以合群。因為不合群而與人產生疏離感，甚至孤立自己時，心理很容易產生毛病，病癥一旦出現，就可能鬧出無差別殺人的命案。

教孩子負責
別搶著替他投每一顆球

多年前，有個少年法庭的法官，語重心長的對我說：「以前人人都說『天下無不是的父母』。如今，看了那麼多失職的父母，我宣判，這句話『錯誤』！」

從小就讓孩子知道——父母就是權威。盡可能把孩子的劣根性連根拔起，折服他們，別讓他們以為「會哭就有糖吃」而為所欲為。縱容慣了，長大肯定吃定父母，成了啃老族，傷透家人心。

父母應該多向他人學習「怎麼教孩子」。像美國有些父母會在教訓孩子之後，板著臉孔說「I mean it」，意思是「我當真，而且說話算話，絕不妥協」。

對孩子講話，總是言而無信，不執行也不付諸行動，會讓孩子瞧不起大人。當然，父母親彼此的管教也要一致，若常為教養起爭執，意見不一，孩子必會見縫插針，謀取好處。

我輔導過林口弒親案的主嫌林清岳。他從小受父母溺愛，犯案時未滿十八歲，卻因向父母借錢遭拒，又在朋友面前被數落，而狠心夥同友人殺害雙親。執行槍決前，他告訴我，在尚未考取汽車駕照時，他就有一輛紅色跑車了。

父母應該好好地掌握權柄，不可忽略與鬆動。**沒有盡早教會孩子服從、聽從父母的話，反而一味地姑息呵護溺愛，很有可能會毀了孩子的一生。**

與長輩相處，更要注意禮節

猶太裔人才輩出，他們對長者的敬意和尊重，值得學習。
教養不能忽略「禮節」，尤其是與長輩相處的時候，
爸媽要與長輩保有好關係，並製造孩子與長輩互動的機會！

猶太民族人才輩出，是世界上公認的優秀種族。這或許由於他們對於兒孫輩的教導非常殷勤、在意，常會把晚輩帶到膝前，叮嚀一番，並為他們祝福。《摩西五經》是猶太教的重要經典之一，其中就特別強調「在白髮人的面前，要站起來」，可見猶太裔民族對長者的敬意和尊重。

臺灣很多地方，會預留座位給老人家，像大眾運輸、醫院，愈是需要排隊的地方，愈會設置這樣的座位。這代表尊重，是一種很進步的現象。

只不過，明明是敬老座位，在有需求的當下，被占用的機率其實不低。例如，在早晨的公車或捷運上，敬老座位常被閉目養神的學生或上班族坐滿。

老人家上了車，沒位可坐，只好站在旁邊苦。也許是電腦玩過頭，也許是課業太重，也許和朋友徹夜聊天……，所以，他們

選擇在車上補眠，以致漠視對長者的尊重。這些情況，正好呼應我曾在報上，看到某知名人士說「現在的年輕人是『沒大沒小，無法無天』」。

從某些角度來看，這個說法似乎很正確。現在家庭的孩子生得少，要是有能力，父母總是萬般地呵護與寵愛，一句「我們大人這代已經夠辛苦了，下一代不能叫他們吃苦了」，就把孩子任何行為，變得理所當然。**保護過度，孩子愈是沒有免疫力去抵擋未來的誘惑及罪惡的侵襲。有時，甚至連對待長輩該有的貼心，都看不見了。**

過去華人社會，多代同堂的家庭多的是，照古人規矩，兒女對於父母，還要晨昏定省，奉茶捶背。晚輩呼叫長輩，不能連名帶姓，一定先有尊稱，才能開口，那是最起碼的禮節。

現在家庭沒與長輩同住居多，住遠的，久久才能真正見上一面。還好科技發達，人手一機，透過視訊互動，還能聊幾句，真正見面時，也不會太陌生了。

像我兒子媳婦住加州，住臺北的我與太太，偶爾會透過螢幕看看三個小孫女，雖然她們注意力只有幾分鐘，動來動去，跑來跑去，鏡頭也追來追去，我們老人家也心滿意足了。

在逢年過節有機會見上面，爸媽不僅要多多鼓勵孩子與長輩互動，還要與自己爸媽（或公婆或岳父母或其他長輩）等，保持良好的關係。一旦見到大人禮貌與尊重的做法，不用特別教，孩子就會了循著相同模式。相反的，要是大人總對長輩惡言相向，或經常毫不掩飾地直接抱怨，孩子難免「有樣學樣」。

我的兒女從年幼開始，就跟著我參加教會大大小小的活動。看著我與太太與長輩們的相處方式，他們也都學會親切地稱呼長者，對長輩有禮，深受愛護呢。

空出專屬家人與孩子的時間

平均一天「父母和子女的對話時間」只有三十七秒？!
這是難以置信的數據，卻也是愛家協會真實調查的結果。
嘗試空出親子時間，大人和孩子都能享有快樂與和諧。

美國的愛家協會（Focus on Family），曾經為了調查「父母一天之中，用多少時間和子女對話」，在孩子身上裝小型錄音機。調查的結果實在讓人非常失望，因為平均下來，親子每天的對話竟然不到一分鐘，大約只有三十七秒。

一早醒來時，說句「Good morning」。吃完早餐，送孩子去到學校時，說「Have a nice day」道別。孩子放學回家，大人小孩各做各的，之後「Dinner time」，叫大家吃飯。飯後看電視，彼此沒什麼交集。準備上床睡覺前，擁抱親吻，說聲「Good night, sleep tight」。就這樣，加一加大概三十七秒！

偶爾，我會先在演講場合問聽眾，「一天和家裡的小朋友說話時間有多久」。客氣一點的家長會說大約「五分鐘」，比較沒現實感的家長會說出「半小時」，甚至「一小時」這種答案。

當我把愛家協會調查結果呈現時，他們才開始思考，「確實，忙到幾乎沒時間跟孩子子說話」。親子間不習慣聊天，除非有重大的事情發生，不然，一天講上三句話的機會都沒有，更別說睡前還要給小小孩念 Bed time story（床邊故事）了。

空出專屬於家人的「家庭時間」絕對必要。我過去在美國政府做事，都會準時下班。車子開進家裡車庫，按個鈕，把車庫關上後，洗過手，我就直接走進餐廳，這時，兩個孩子早已坐定位，太太也將飯菜都擺在餐桌上，等我這個男主人入坐禱告，便刀叉、筷子齊飛，全家一起享受快樂的晚餐時間。

等孩子大一點，我們會在飯後安排遊戲時間，幾乎每隔一日就會玩遊戲。那時，大家最喜歡的是「Trouble」，這是可以四個人一起玩的集點晉級遊戲。誰先贏，誰就會歡呼大叫，輸的雖然暫時懊惱，但因為下一場還是有贏回來的機會，因此每次玩到最後依然是快樂一場，沒有人神傷。

有時，全家一起運動。有個週末晚上快十一點，我們還在車庫打乒乓球，玩地盡興，歡聲不斷。突然，有人敲車庫的門，我問「是誰」。結果是個女子出聲，說「很高興聽到你的家人都很快樂」。我說了「謝謝」，但因為時間已晚，不敢邀請她進屋坐坐，但我相信，她一定很羨慕我們家庭的和諧與快樂。

從我當留學生開始，每年暑假，我會和太太開車到各地國家公園旅遊。女兒出生後，一樣每年帶著她到處跑。兒子出生後第三年，我們舉家搬回臺灣。那時，雖然沒有自己的車子，出門不便，但家庭活動仍然很多。

即使現在，兒女都已各自成家，年幼時留下家庭活動的美好記憶，仍深刻影響著他們。他們總是很積極很樂意地安排全家人的出遊及共進晚餐。我則倍感安慰，覺得過去在兒女身上投資了很多時間，如今看見了回收。

徜徉在笑聲、歌聲、琴聲中

孩子從小喜歡笑，像朝著陽光長大，會顯得樂觀、開朗，
不過，大人在過程中，要記得給予足夠的安全感與滿足感。
若加上「音樂」濡染，陶冶性情之餘，人格穩定發展！

我的兩個孩子，都是在滿月後，就開始被帶到教會，參與活動。為了避免孩子哭鬧而影響聚會，我會把孩子交給教會托嬰室，由專人照顧。因為他們都有看顧嬰孩的經驗，人也有愛心，所以教友都很放心將孩子交給他們。

那時，教會三歲以下的孩子，超過五十人。我的兒女由於與人互動機會增加，從小就不怕生，當他們還在襁褓階段，婆婆媽媽喜歡逗他們笑，久了熟悉了，他們確實常被這些婆婆媽媽逗地樂不可支。

從小把孩子放在人群當中，讓他們感受被愛，習慣人性的溫情。之後，當人們對他表達關心，他們會很自然地，做出善意的回應。所以，我家的孩子從小就喜歡笑，經常笑容堆滿面，長大之後，心態很樂觀，也很陽光。我想，這些都是周圍的大人給了他們安全感、滿足感的緣故。

就有位住美國長大醫生娘，生了兒子後，擔心兒子被感染疾病，堅持不讓丈夫把兒子帶去教會，甚至連婆婆到他家想抱孫，也要徹底清潔雙手，不然不准她碰。

她的兒子或許從小被媽媽限制與外界接觸，以至於成長的路上，人際關係始終不佳，沒什麼朋友，總是被排擠的那位。在青春期時，親子間的關係繃地非常緊張。

由於常往教會跑，我家孩子從小聽聖歌長大，耳濡目染下，對音樂都不陌生。後來，學唱聖詩時，他們都非常投入。教會老師要他們表演時，他們會更加認真練習。

聽人說「學音樂的孩子不會變壞」，確實有道理。音樂真能陶冶性情，怡情養性，至少，有助我家兩個孩子人格穩定發展，是個不爭的事實。

我家有架二手鋼琴就很管用，花一千元美元買回來，經常派上用場。不但教會的人到家裡聚會可以用，還能替兩個孩子請家教，學鋼琴。

女兒也學小提琴。我以租賃方式買了一把小提琴，繳納分期付款到達一定金額，小提琴就屬於我們的。女兒加入學校管弦樂隊，負責拉小提琴，由於表現不錯，老師常公開地讚賞和表揚，身為父母當然與有榮焉。

每當女兒在家練習鋼琴、小提琴時，客廳就像個小型的音樂教室，盪漾著美妙琴聲。

偶爾，為了在教會獻詩，全家會圍繞在鋼琴旁，由女兒彈琴，一起練唱。因為是分部唱和，得一練再練。當琴聲與歌聲和諧地交織，唱的人陶醉，聽的人也欣喜不已。

家人常常相聚，互愛也互信

不論禱告（pray）還遊戲（play），都是凝聚家庭的方法。
家人一起投入活動，促進交流，凝聚共識，使向心力更堅強。
因為互信互愛，即使遇到棘手問題，也不會輕易被拆散！

美國諺語說「A family **prays** together stays together」。是說，一個家若能常聚在一起禱告，就會團結，不易拆散。因為禱告屬於心靈層面的關懷和寄託，一起禱告，會為彼此帶來信任與了解。當家裡任何人碰到困難，就比較不會引發家人間的責難與爭執。不爭執，就能和睦，不用離異。

後來，有人把這句話延伸為「A family **plays** together stays together」。把「pray」，換成「play」，像是玩文字遊戲，但也有異曲同工之妙。不管是禱告（pray）還遊戲（play），都必須把家裡的每個人連結在一起，才能進行。

當家中的每分子都能投入家庭活動，自然能促進交流，凝聚共識。向心力夠堅強，想拆散他們，很難。或禱告，或遊戲，心連心，手連手，就如同三股合成的繩子，不容易扯斷一般，同樣的道理，也是同樣的效應。

教孩子負責

別搶著替他投每一顆球

多年前，我輔導過一個浪子，因為家庭因素，他走入歧途。在獄中，他和我談起自己的身世。聽起來，確實是大人沒盡到責任，沒做好榜樣，這孩子才會變成這樣。

年幼時，他爸爸在外面有女人，家裡常起革命，導致他放學後，不喜歡回家。寧可在街上閒逛，也不想聽父母的吵鬧聲。在外面遊蕩成了習慣，就養成他日後不負責任的行為模式。

婚後，他一碰到與妻子意見相左，就會以逃避來解決。有次，深夜還在外面遊蕩的他，看到一個落單的女子，竟搶劫她。案發後，他入獄坐牢，婚姻也以離婚收場。

我有個住在北部教書的教授朋友，他的太太在中部的家裡教鋼琴，是典型的「週末夫妻」。每逢週末，我的朋友會從臺北坐火車回中部的家，與妻子孩子團聚。

不過，太太週末仍排了二十幾個學生要教，所以，一回到家，他便要忙著買菜煮飯。雖然夫妻都在家，卻沒什麼機會溝通交流。加上太太節儉慣了，丈夫出國考察期間，她一毛錢都不肯支援，以致丈夫心懷不滿，彼此間的鴻溝愈來愈深，甚至無心再經營這段婚姻。最後，走上離婚一途。

家人沒常在一起，會為彼此帶來隔閡和不信任，不管是兒女或夫妻，都是經營好的家庭關係，不可或缺的要素。唯有經常聚集一起，做些彼此都會喜歡的事，才能凝聚家人間的互愛和互信，進而攜手建立一個和諧幸福的家庭。

「隔代教養」不見得有問題

把孩子交給長輩看顧，爸媽仍要隨時關心與溝通，
過度的寵愛會養出自私任性、無自制力、性格扭曲的孩子。
與長輩交流，留意口氣、時機，達到效果又不破壞關係。

現代家庭的自主性都很強。要是環境允許，年輕一代生了寶寶，多半會選擇另請褓母。一方面是擔心老人家太累太辛苦，另一方面大概也是擔心老一輩的養育模式不符期待，或過度寵溺導致不良效果時，說多了會影響彼此情感吧。

不過，某些特殊的狀況下，有些家長逼不得已，只得把孩子交給自己的爸媽看顧。尤其家庭或婚姻出現變化時，如另一半過世，或入監服刑，或常不在家，或離婚分居等。身為孩子的（外）祖父母，即使年紀大，為了愛和責任，也不得不接下重擔，替自己的兒女收拾殘局。

這類身不由己的「隔代教養」出現問題，在社會非常普遍，花蓮信望愛少年學園收容過的孩子，幾乎一半是隔代教養。他們的父母有的早逝，有的離異，都是由阿公阿嬤（或外公外婆）帶大，祖孫一起生活。

孩子學習力特別強，看到阿公阿嬤抽煙、喝酒，他們自然就會了。或孩子被獨留在家，就容易受大孩子引誘，惹事生非。或阿公阿嬤疼孫，覺得爹娘不在身邊等於可憐，便加倍寵愛到溺愛，養出自私、任性、無自制力，甚至性格扭曲的孩子。像陳進興，就由外婆養大的。陳的外婆一大早都要去賣碗粿，不方便帶著孫子，又怕他跑出去，便會用鐵鏈把房門從外鎖住。有次，五歲的陳睡醒，使勁全力把房門推開一個縫，頭探出來，身體卻卡住，只能放聲大哭。鄰居聽到哭聲，才趕緊叫外婆回來解圍。

管教太嚴厲，可能會出人命，管教太寬鬆，孩子也會有恃無恐。怎麼拿捏才得宜，需要探討學習。

我有個在美國執業的醫生朋友，就是隔代教養下長大的。雖然有陣子，和人抽煙、打架，但阿嬤從不放棄，依然循循善誘。他後來終於醒悟，覺得不應再讓阿嬤操煩，因而發憤圖強，考上建中，進入醫學院，成了一名優秀的內科醫師。

所以，隔代教養也不是說全然不可行，而是長輩不能樣樣順著孫子，讓他們隨心所欲。把握管教原則，學習別人怎麼管怎麼教，並照著那些方法來做，隔代教養不見得有問題。

說真的，若與長輩三不五時交流或相聚，碰到意見或做法不合的機會很多。孩子的爸媽多數希望長輩別太多干涉，但疼孫愛孫難免忍不住。若要溝通，務必留意口氣與時機。

我家媳婦就很有智慧。我與太太到兒子家用餐時，小孫女可能覺得有爺奶當靠山，竟搗蛋起來。講了幾次不聽，媳婦便把小孫女帶到角落，細聲管教，再回到位置，就安分許多了。這樣做顧及了用餐氣氛，也免去小孫女向爺奶求情，讓疼孫的我們感到左右為難。

8 打穩成長的基礎——健康身與心

飲食有節，東西不亂吃

美國人說「You are what you eat（吃什麼像什麼）」，華人也說「吃飯皇帝大」，可見吃是大事，吃什麼是學問。食物愈原味，愈營養。均衡飲食，是維持健康一大途徑。

外國人說「You are what you eat（吃什麼像什麼）」。確實，吃東西真的太重要了。吃得對，可以吃出健康，吃得不對，一不小心就會「病從口入」！

華人也說「吃飯皇帝大」，就是說「吃」是一件大事，像當皇帝那樣的偉大，可見重視的程度。吃飯這事攸關人的體力與生死，所以吃飯時，不准任何人事物干預、攪擾。

可惜，現代孩子不太注重吃，邊吃東西邊看電腦、滑手機，只求肚子填飽，不餓就好，哪管營養和味道。他們愛吃速食，也愛吃泡麵，因為覺得時間太少，總是求快求便就好。

速食多油炸，對身體不好。泡麵吃多，也會出問題。因為裡頭成分複雜，且經多次加工，營養素幾乎消失殆盡，吃了等於白吃，像往身體裡塞垃圾一般，反而造成極大的負擔。

這幾年手搖飲品盛行，孩子要買要喝變地容易，三天兩頭來杯含糖飲料，導致體內糖分過高，也會產生很多毛病。還好後來聽從經專家學者建議，中小學的校園不能擺設飲料販賣機，好讓學生們的健康及時保住。

我讀國小時，有一位老師灌輸我很重要的觀念。他總說，油炸食物在肚子裡，要經過八小時才能消化完畢。年幼的我自此對炸物敬謝不敏，吃東西一定先把炸的部分剝掉才入口。

長大以後，也曾從電視上看到一段實驗影片，紀錄一個人吃了炸薯條後體內循環的情形。只見血液從原先順暢的流通，到吃薯條後，因油質變多，逐漸地減緩流速，不那麼通順了。

看了影片，我不只更加謹慎，也告誡家人，要特別注意「煎炒烤燒炸」的食物。因為這些料理方式，會讓油分增加，吃多了，對身體有害。

我太太是學營養的，專門在教低收入家庭「如何用有限的收入，吃到足夠營養的食物」，以維持身體機能的正常運作。在家，她依然發揮專業，為全家人細心烹飪。由於注意均衡飲食，家裡大小，幾乎都不生病。

住在少年學園的孩子有的會偏食，因為喜歡吃肉，不喜歡吃菜，三天才上一次大號。每次上完，大家聞到臭味，都會受不了。經過營養師的調教，他們偏食狀況漸有改善，大號也正常多了，過去廁所那種味道，不再出現。

有的營養專家說，先吃飯，再吃水果。有的學者卻建議，先吃水果，再吃飯。姑且不去研究孰先孰後，只要是好的食物與好的料理方式，愈是原味，愈有營養，對身體也愈有益。飲食均衡，是維持健康的一大途徑。

規律作息，千萬別熬夜

日夜顛倒，把不眠不休變成正常，很快就會進棺材了。
誘惑太多，時間不夠，孩子寧願犧牲睡眠，也要玩 game，
爸媽要設法控管，把兒女作息調回正常，助益健康。

我輔導過很多吸毒者，把他們毒癮纏身時的照片跟接受輔導後的相貌相比，真的難以聯結。吸毒的人的生活，幾乎日夜顛倒，加上毒品的危害，不只精神狀況差，還瘦成了皮包骨，像是快進棺材般，非常可怕。

賭博的人也差不多。贏了，想再贏多一點，輸了，想要把輸的贏回來，所以一上牌桌，肯定要鏖戰個三天兩夜，不眠不休彷佛變的正常，睡眠嚴重不足，身體也搞壞了。

我有個的朋友，在中國做生意的時候，經常要喝酒應酬，酒後就賭博，不到五十歲，就引發腦血栓毛病，嘴歪眼斜。他的爸爸在他五歲時就因腦血栓過世，哥哥則是心臟病早逝。中風後，他擔心自己會步上父兄後塵，突然撒手人寰。

有次，他碰到一個過去常一起喝酒的朋友，居然滴酒不沾，覺得不可思議。問明原因，才曉得那朋友信耶穌後就不喝了。他

跟著朋友進入教會，每日讀聖經禱告。不喝酒，也不賭博，起居作息慢慢恢復正常，嘴歪眼斜的情形逐漸改善。

以前讀警大，大學四年，幾點起床、睡覺，都規定地清清楚楚，輕慢不得。畢業後，我到軍中當預備軍官一年，依舊早睡早起。後來，前往美國留學，一住將近十七年，也因過去打下的健康底子，和保持作息有規有矩，少有生病機會。

現代誘惑多了，孩子放學回到家，關起門來，父母如果不察，也許他們玩電腦手機一玩就是凌晨三、四點，才上床睡覺。特別是升上大學後，要他們作息正常很難。天天熬夜，就算吃地再營養，也健康不起來。不要以為年輕就是本錢，新聞報導就常聽到，年輕人在網咖熬夜玩 game，最後暴斃收場的。

規範家裡孩子，引導他們把作息時間調回正常模式，是非常重要的。好比我對少年學園的學員們，也有明確規定。為配合學校七點半到校的規定，學員在平日必須早起。足夠睡眠是學習基礎，學園因此規定晚上十點前就要上床睡覺。早上六點，音樂聲響，就要起床。盥洗完畢、做完早操，才吃早餐。如此一來，才能在七點整，搭上學園專車，分載去各個學校。

養成正常起居作息習慣助益健康，對未來也有正面影響。經過在學園的幾年磨練，學員們的體重標準，身材健壯，好幾個孩子在高中畢業後投入志願役，就打從心底感謝學園給予的磨練，讓他們在進入軍中後，適應地又快又好。

走出戶外，別被 3C 綁架

「活動，活動！要活，就要動！」不只要知道，還要做到。
孩子愛玩電腦、滑手機、看電視，萬一爸媽也沉迷，就糟了。
動態活動太少，缺乏運動，健康可是會出問題的。

「活動，活動！要活，就要動！」這是很多人對於身體健康的維護，耳熟能詳的共識。知道不夠，還得做到才行。

時間倒回六十年多前，臺灣經濟發展尚未開始的年代。農村人家多靠種稻維生，我們家也是。我記得小時候，常要步行去田裡幫媽媽除草、種菜，爸爸則會去釣魚、抓田蛙，聊補家計，但家中財務狀況，仍然拮据，買不起腳踏車騎。

小學六年，我都是走路上學，一趟就要走上二十五分鐘。因地處算偏僻，沒有客運經過，要去外婆家的話，要走更久，得走上一個多小時才能到。

外婆家的後山有個園區，裡頭種了很多的龍眼和蓮霧，還是白鷺鷥的棲息地，生態盎然，也是我們的遊樂場。我和表兄弟常常會往園裡去，爬樹、採龍眼、摘蓮霧，偶爾會偷拿白鷺鷥的蛋，回外婆家和大人一起享用。

當時，溪流清澈，魚蝦都多，放假時，總會呼朋引伴去溪邊跳水游泳，抓魚抓蝦。運動量足夠，呼吸的又是新鮮的空氣，我們整群小朋友，幾乎很少有人生病。

考上初中，學校更遠，每天要走十五分鐘，才能去搭糖廠小火車上學。小學磨練過，走路難不倒我。下了火車，再走個十分鐘，才能到學校。三年下來，腳沒腫過、痛過。

高中時代，家裡有了腳踏車。我騎車到學校，一趟路約半小時，每天來回，正好讓忙碌的高中生涯，多了一小時的運動時間，對身體狀況確實也有很大幫助。

至今，我腳力一直還行，大概是求學的這些日子鍛練出來的吧。腳能動，是健康與否的一個很好指標，腳若不太能動或不太愛動，身體就也容易衰老退化。

別用年紀當藉口。為了鼓勵孩子，我六十二歲也學騎獨輪車

我六十二歲時，有教練來教學園裡的孩子騎獨輪車，我也一起學一起練。騎愈久，腳力腰力愈好。十多年來，散步、走路、爬山都不成問題。

現代交通方便，一出門就有車好坐，走路機會少，省去不少時間。可惜的是，省下的時間卻被用在從事靜態活動上，像玩電腦、滑手機、看電視等。萬一爸媽也沉迷，就糟了。動態活動太少，身體缺乏運動，健康可是會出問題。

被手機或電腦或平板綁架，後果都不堪設想。**為人父母，多花時間陪孩子到戶外走一走，動一動。增進親子互動機會，讓關係更緊密，也促進一家大小的健康。**

家和諧了，孩子就健康

孩子出生後擁有的生活福祉，與他們的父母息息相關。原生家庭缺乏功能、父母照顧不周的孩子，是真正弱勢，在爭吵或暴力下成長，情緒、人格、健康難免受影響。

孩子出生能擁有的生活福祉，起初與他們的父母息息相關。**和睦家庭的孩子，心理狀況會顯得穩定許多。反之，處於父母常爭吵或暴力相向的環境，孩子的情緒難免受影響。**成長過程中，持續帶著這樣的心理壓力，會使人格產生一些缺陷。生理層面的健康，也會間接受到不良的危害。

少年學園曾接觸一個三兄弟的個案。因為他們的家庭發生變故，沒有親人可以接納，加上政府機關找不到其他社會福利機構協助，於是要求學園緊急安置三個月。

三兄弟剛到時，最小的才五歲，又瘦又小，一看就知道是營養不良，老二也好不到哪裡去，身高還可以，但面色青黃。更糟糕的是，五歲的老三竟然不太知道怎麼刷牙，連拿筷子吃飯都不太會。原生家庭缺乏功能的孩子，是真正的弱勢。家裡大人照顧不周，想期待他們有個健康的身體，很難。

既然答應收容他們了，當然會給予良好的照護與關懷。經過我們每天都三餐正常供應與實施衛教一段時間後，情況改善很多。原本也以為三個月期滿，三兄弟就會離開了，想不到他們一待就七年。二〇一六年時，老大高中畢業，離園到外地就業，老二和老三則繼續留在園區。現在的他們和過去剛來時完全不同，精神變好，體質也變好，變得英俊瀟灑。

他們三個在園區的表現非常傑出，不只獨輪車騎地好，曾一起騎上合歡山，也都有唱歌的天賦。此外，老大的鋼琴彈地令人神馳，自彈自唱，常獲得冠軍。老二和老三的口齒清晰，在學園舉辦的年度演講比賽中，還拿過冠亞軍。

我在少年觀護所輔導過一個染有性病的孩子。他身體瘦弱，十四歲的他，看起來像是八、九歲，因為感染菜花，所方常常要帶他到外面的醫院治療。

我和這孩子聊過以後，才了解他雖因為偷竊被捕入獄，卻也是個被害者。他自從父母離異，便一直跟著媽媽。媽媽為了生活，工作到沒時間煮飯，更別說抽空陪他。他媽媽一年只開一次火，就是除夕那天，其餘日子皆外食，但也有一餐沒一餐的。

他與媽媽同住小套房，八坪不到，當媽媽帶男友回家過夜，就會叫他出去。沒地方去的他，到公園遊蕩，幾次碰到不認識的人，主動給餓肚子的他東西吃，但代價是被戳屁股。幾次後，他的屁股長了菜花。少觀所為了治他的病，花不少錢。

孩子的健康狀況，不論是身體上的，還是心靈層面的，與父母花了多少的心思、多少的時間在他們身上，及家庭的和諧與否，有著密不可分的關係。

喜樂的心，是健康補藥

健康與營養、運動、陽光、空氣、休息，脫離不了關係，此外，還得保持好心情，使身體的免疫系統及自癒力增強。喜樂的心是一帖補藥，隨時補一補，幫健康加分吧！

一般人認為想維持身體健康，與營養、運動、陽光、空氣、休息和心情脫離不了關係。為了達目的，吃什麼營養，或做什麼運動有效，很多人都很在意。休閒度假、晒太陽、呼吸新鮮空氣，大家也都有在努力。唯獨「心情」這件事，是直到近幾年，才開始有一些保健書籍，認真地推動、探討。

心情放輕鬆，沒有太大或太多的壓力，免疫系統及自癒能力會增強，身體潛力與機能一旦開啟，就比較能打倒病魔。

年輕時，我看過一篇勵志文章，印象一直很深刻。文章說，有個八十幾歲的老先生，平時特別注意養生保健，常常笑容滿面，身體總是健康，很少吃藥看醫生。

直到老先生因車禍喪生，醫生解剖遺體後才發現，他的器官毛病很多。但為什麼能活那麼久那麼健康呢？其實，是老先生那一顆喜樂的心產生的生命力，支撐著他繼續活下去。文章還說，若沒有這場車禍，老先生也許可以活超過一百歲。

這大概是很多百歲人瑞，到了人生終點站，還眼目不昏花，精神不衰敗的原因之一。早年，我就能了解心情與健康的關聯性，也常常提醒自己，努力維持愉快的心情，才能有足夠的力量，對抗並勝過人生中的苦難。

臺灣每年約新增二十萬左右的刑案被害人（又稱馨生人），其中又以車禍事故占多數。被害人的家庭在遭遇變故後，往往痛苦無處可訴，以致心情盪到谷底。

近二十多年來，更生團契為了關懷安慰這些馨生人，常舉辦郊遊與餐會，並鼓勵他們來參加。值得欣慰的是，有些馨生人會把自己的家人一起帶來，雖然表面看來開開心心，但他們心裡頭的痛苦，絕不是吃一頓飯，或旅遊散心，就能完全得到釋放的。

某年，馨生人年終餐會前一夜，我在夢中感動而創作了一首歌曲《喜樂的心》。隔天聚會，我唱了這首歌，來安慰、勉勵他們早日走出陰霾，活出生命的色彩。《喜樂的心》成了後來馨生人活動的主題曲。有些喜歡唱歌的被害人家屬，唱著唱著，臉上自然地煥發笑容。有了笑容，日子就比較好過一些。

《喜樂的心》是這樣唱：喜樂，喜樂！信耶穌真快樂。我要靠主喜樂，喜樂是力量。憂傷的靈使骨枯乾，喜樂的心，就是良藥。喜樂，喜樂！靠主喜樂，喜樂的心就是良藥。

因為常常哼唱，我自己也受到激勵，這首歌深印在我腦海裡，每次一想起，心情就跟著喜樂起來。喜樂的心是一帖補藥，會讓身體更加的健康。

9

分享勝過獨自擁有——付出需要練習

分享，治癒人性的貪欲

人有私心，沒安全感。欲海難填，擁有愈多，還想要更多。
短視且急功近利，妄想瞬間滿足，恐怕鋌而走險，作姦犯科。
愈分享，心愈富有。教孩子滿足別人需求，並學會付出。

「人心不足，蛇吞象。」人性本來就有私心，沒有安全感。照理說，有衣有食就當知足，一個人愈付出，愈滿足，愈分享，回收的也會加倍多。不過，欲海難填，大多是的人是擁有愈多，還要更多。

少年學園曾經收容過一個孩子，他的原生家庭不健全，剛來時才讀小學一年級。去學校上學，會偷，下課回到學園，也偷，偷的雖都是小東西，但幾乎天天都偷。不論再怎麼苦口婆心，他就是改不了。

後來我告訴他，「如果一個禮拜不偷，就有獎品」。果然一個禮拜過去，他沒偷。給了獎品後，我再告訴他，「一個月沒偷，還有獎品」。嘗試幾次，這孩子都能通過考驗，得到獎品。後來，園裡師長給予充分的陪伴和教導，他感受被愛而心靈滿足，日後真的什麼都不偷了。

早期監獄的人犯，是因飢寒起盜心，吃不飽，穿不暖，才迫不得已去偷去搶。現在人的偷搶拐騙，不是為身體的必須，多是為了欲望的滿足。犯罪的動機，從單純解決民生問題，演變成複雜的心理欲求不滿的問題。人因為擋不住貪欲的驅使，使犯罪因子蠢蠢欲動，短視加上急功近利，想瞬間取得滿足，就會不顧一切，鋌而走險，作姦犯科。

多年前，我輔導過的一位強盜犯是某知名大學的大二生，讀的還是法律系。案發時，社會譁然，撻伐四起，開始質疑「臺灣的教育，到底出了什麼問題」。時任教育部長為止息眾怒，還特別到監獄探視，想多了解問題的癥結。

我聽他自述背景，大概能體會他之所以知法犯法，全是一個「貪」字。他爸爸當警察，有限的薪水得撐起整個家計，家庭物資較缺乏，以致他從小就喜歡拿別人的東西。

犯案的當下，他與被害女子一起搭乘電梯，電梯裡就他們兩人。到了某一層樓，電梯門開了，他見四顧無人，快速搶了女子的皮包就跑。被害人的呼喊聲，引來旁人的營救，而他馬上就被逮住了。後來，他因強盜未遂被判了三年多。

我勸他趁服刑期間悔改、反省，並學習付出。我教他：手邊有兩張郵票，就把一張給同學；碗裡有兩塊肉，就把其中一塊分給同學。我鼓勵他，跳脫自我利益的尋求、分享自己所擁有，嘗試去滿足別人的需求，不要事事都只想到「我」。

他很聰明，資質也好，假釋出獄後，重考進另一所大學，仍然就讀法律系。後來情形因未再聯絡，也不得而知。但我仍真心期待他調整觀念，多多付出，服務人群，回饋社會。

關懷弱勢，將心比心

弱勢族群很多，他們尤其需要幫助，好走出痛苦深淵。
透過服務老人、打掃環境、分享資源、傾聽聊天等，
帶孩子從生活中關懷弱勢，激發他的憐憫與同理的心腸。

多年前，我剛從美國回臺灣服務，接手更生團契的工作，內容包括教化、輔導、關懷受刑人，並在他們出獄後持續追蹤。我為了了解坐牢人的心理與生活情形，在獲得典獄長允許之際，進入少年觀護所，和獄中一百多位青少年共同生活一天一夜。那天，我稍微能嘗到失去自由的痛苦滋味。

沒隔多久，就收到與我關在同舍房的七個學生，寫來的一封信。信上說，很感謝我去陪他們，還為他們禱告。最後，還用「PS」寫了幾個字：黃叔叔啊，什麼時候再回來看看我們呢？

受到那幾位「同學」的幾句話感動與啟發，我決心做些事情，好讓少觀所的「生意」別再這麼好。幾年過去，多虧《宇宙光》雜誌的終身志工孫越叔叔雪中送炭，在募到一筆錢後，我們蓋了花蓮的「信望愛少年學園」，專門收容邊緣少年，期待用愛陪伴，預防他們犯罪坐牢。

社會隨處可見弱勢族群：失業的、失婚的、有病在身、低收入戶、更生人、身心障礙，或失親的孩子。這些對象特別需要被關懷，並予以支持和協助。多用點心，一定可以幫助他們走出痛苦深淵，把他們的腳，引到平安的路上。

新聞曾報導，某個家庭因幾萬元債務無法償還，大人竟帶著孩子一起燒炭自殺。聽聞這樣消息，覺得很惋惜，心想著「為什麼沒能事先預防」。若早點得知他們的需要，也許多找幾個人，每人捐獻一點，便能解決，何苦枉費幾條寶貴生命！

少年學園在教育學員們時，會藉由服務老人、打掃環境、分享資源，來達成「關懷弱勢」的目的。同時，也讓學員拿些吃不完的米，分送給社會貧戶，或把外地寄來園區捐贈卻穿不上的衣服，送給經濟較為缺乏的小朋友穿。

學園裡，有五分之一的孩子，父親或母親在坐牢，老師會定期帶他們到獄中探視。也會安排孩子到監獄去彈琴、唱歌、跳舞、騎獨輪車等，表演給受刑人看。有時，臺上表演的和臺下觀看的，會雙雙拭淚。

臺上的孩子可能是想起爸媽也在坐牢，心生怨懟，而痛苦難當。臺下的受刑人大概是看到臺上表演的孩子，憶起自己的兒女，孤單寂寞，而思鄉想家。

更生團契會定期關懷被害人家屬，在舉辦郊遊活動或餐會時，會讓住在少年學園裡的孩子一起參加，好讓他們多多體諒被害人的痛苦，進而產生憐憫的心腸，與哀哭的人一同哀哭。

遇到同工（服務的夥伴）的親人過世，我們也帶學員去參加追思禮拜，從葬禮中，他們能體會生命存在的意義和價值，並知道該如何去珍惜、尊重生命。

培養願意受苦的心志

怕苦怕受傷的人，永遠學不會，學不會，就得不到好處。
患難則像是在撒種，有撒種，才有收成，才可能豐收，
吃得了苦，就是在進補，所謂「沒有受傷，就沒有動章」！

大多數的年輕人不太願意吃苦，只想舒適安逸的度日子。雖然他們都讀過「天將降大任於斯人也，必先苦其心志，勞其筋骨……」，似乎起不了作用。這與對苦難的錯誤認知，與追逐財利、貪圖享受的社會風氣，有很大的關係。

吃苦就是進補，「No pain, no gain.（沒有受傷，就沒有動章）」。適度吃苦，是很好的磨練，有磨練，才能造就成熟的性格。患難則像是在撒種，有撒種，才有收成，才可能豐收。所謂「吃得苦中苦，方為人上人」，就是這個道理。

苦難，也像存款。有苦難，才能學到忍耐，能忍耐才有成功的機會。好比練習騎獨輪車，剛開始一定會跌倒，只是多跌倒幾次，就學會了。會騎之後，身心靈的健康都受益。根據日本的犯罪學者研究，會騎獨輪車的孩子，比較不會變壞——因為懂得平衡，就比較不會出現偏差觀念和偏差行為。

農業社會日出而作，日落而息，每天勤勞工作，日晒雨淋，含辛茹苦，才能溫飽。人盡其才，地盡其利，物盡其用，人與人間相安無事，犯罪事件少之又少。現代的工業社會，人幾乎都想坐享其成，不勞而獲。難怪有些年輕人，不想去做工，寧可犯個案子，入獄吃免錢的牢飯。

給予孩子正確價值觀很重要。年幼時，讓他們受一些磨練，以願意受苦的心志當兵器，兵器練地通達，長大後，如同身懷絕技，十八般武藝樣樣精通。在面對人生的各種挑戰時，就不會因為畏縮，棄械投降，敗陣下來。

我曾在屏東一個度假飯店，看到一群國中生走向海灘，個個肌膚白白嫩嫩，好像沒有晒過太陽一般。我想，老師帶著他們出遊，只要手腳動一動，花點時間暴露在陽光之下，受些磨練，對他們來說，絕對是好的。

帶領學園的孩子一起騎獨輪車，一起創世界紀錄

二〇一四年，我們帶著少年學園的孩子，前往桃園參與「獨輪車金氏世界紀錄」競賽。二千多人同時騎獨輪車二公里不落地，成功刷新德國十多年前創造的世界紀錄。

高興之餘，與幾位國小校長聊天。他們提到為了增強學生的體能訓練，在校推動獨輪車活動時，也曾遭受到學生家長的質疑和反對。有些家長認為騎獨輪車很危險，不想讓孩子參加，甚至恐嚇老師「萬一受傷，就要告學校」。

我這個過來人很明白，獨輪車的騎乘速度快不到哪裡去，跌倒了，也只是擦破皮而已，戴上護具便能有效避免，沒有必要這麼擔心。不只有騎獨輪車，任何事情都一樣，怕苦怕受傷的人，就永遠學不會，學不會，好處就得不到。

學會付出，才有後福

先跳脫個人主義狹窄框框，才能開始學「如何付出」。
神奇的是，付出不論多寡，都能使「愛」充滿整個空間，
施與受都有福，甚至連旁觀者都會一起快樂起來呢！

常聽人說「大難不死，必有後福」。若有人在高速公路上出了車禍，車輛解體，卻毫髮無傷，有驚無險，用這一句話來安慰，確實馬上能成為當事人的定心劑、壓驚丸。

不只遭遇橫逆的人需要鼓勵，充斥著「自掃門前雪，莫管他人瓦上霜」思想的人，也要好好調整。目的是讓更多人了解，一個人的眼目不能只停在自己身上，要跳脫個人主義的狹窄框框，好好學習「付出」，多多關懷有需要的人，好讓別人和自己一樣，得到福祉。

多年前，我正著手籌備少年中途之家，一位婦人從朋友口中得知我們需要一個場地，收容邊緣少年，便捐獻了一筆錢，讓我們順利買下一間三十坪的公寓。我們向政府立案，成立少年中途之家，並聘請一對夫妻來照顧七、八個小朋友。

初期五、六年，收容過超過百名青少年，其中，三分之一的孩子因此穩定成長，但有三分之一又走回頭路。這不會影響我的志向，至少救一個算一個。

設立少年之家後，除了感受預防犯罪的重要性，還見到預防的成果，是矯正犯罪的三十倍，便積極廣設少年之家，在桃園有「大改樂團」，在花蓮則設立「信望愛少年學園」。

那位捐獻的婦人身體本來有些小毛病，不僅要隨時搧扇子扇風，防止全身發熱，還睡眠困擾。說也奇怪，捐獻款項後，她的精神氣色比以前好上很多，睡眠狀況也改善了。

人若是懂得「付出」，不但別人得益處，自己也會得到祝福。施與受都有福。

我有個朋友，專門研究DNA。他說，人血液裡的血清素會影響健康，有愛的人，血清素正常，心情會好會快樂，身體也會很健康。人的愛，科技測不出來，但血清素不足，確實會影響情緒，讓人悶悶不樂，整天無精打采。一個人沒有感覺被愛，很容易得憂鬱症。

為此，他做了一個「愛心效應」的實驗。工作人員找來了幾個彼此不相識的人，實驗前分別檢查他們的血清素濃度。再請某一人，當眾把一份禮物送給其中一個人後，再量血清素。結果發現，送人禮物的人血清素增加，收到的人也一樣，更奇妙的是，連在旁觀看的人，血清素也跟著增加了。

藉由這個實驗，他們得到一個結論：**付出不論多寡，都能使愛充滿整個空間，進而產生一股無形的力量，影響人的身體，叫自己和周圍的人都一起快樂起來。**

灌輸「奉獻己力」精神

讓孩子明白「奉獻一己心力，為眾人謀福」的可貴和價值。
匯集個人心力，如聚水成河、積沙成塔，群體會因此得福氣，
若人人只想保有自己，不願奉獻，社會將往冷漠靠近。

參與年輕人輔導多年以來，深感現代孩子缺乏一項重要的理念，那就是「奉獻一己心力，為眾人謀福利」。

除了爸媽在家要灌輸孩子，學校的生命教育，也應該提醒學生，讓孩子明白「奉獻一己心力」的可貴和價值。只有匯集個人心力，才能化為群體福利，如聚水成河、積沙成塔的道理，沒有個人的付出，就沒有群體的祝福。

一粒麥子只想保有自己，而堅持不落地，它仍是一粒。若是願意奉獻自我，就會結實纍纍，滿足眾多人的生活所需。一旦個人主義根深蒂固，對別人的需要就會顯得冷漠，而且有所保留。保留愈多，群體的福祉愈萎縮。

二〇〇一年，年輕的連加恩醫師，在大學畢業後，樂意被差派到非洲（西非的布吉納法索）服替代役。退伍後，多次自費前往當地進行關懷，協助社區居民提升生活水平。著實是年輕人的

好榜樣，也是生命教育的好典範。

剛開始教學員騎獨輪車時，有些學生不太想學，經過鼓勵，才讓每個人都樂於參與，願意配合群體練習，共同努力。半年磨練下來，三十位學員以二十天完成獨輪車環島的創舉，實在是集個人心力，化為團體的榮譽。

一九九四年，我在政府新蓋的戒毒分監（村），與靠信仰戒毒的煙毒犯同住三個月之久。我每天都陪收容人讀聖經、禱告，並與他們分享人生經歷。戒毒村第一期收容五十人，除了早上三小時的心靈課程外，下午也有操練體魄機會。收容人合力在戒毒村內蓋魚池、濆水池、種植花草樹木，由於五十個人集體參與，很多工作或工程短時間內就能完工。

每一位收容人奉獻一己之力，不分彼此，把戒毒村蓋得像度假村，美侖美奐，號稱「天下第一村」。他們過去因為毒品迫害而時瘦弱的身軀，因為工作勞動、促進循環的關係，長了肌肉，人看起來也健康許多。

更難得的是，幾位願意接受基督信仰的收容人，在出獄後，住進中途之家，生命有所成長與改變，不但不吸毒了，還成為反毒尖兵，勸年輕人不要吸菸、碰毒。

年幼時，父母就要建立起孩子「奉獻己力」的觀念，日後就能發現，他們不僅鮮少給大人惹麻煩，還能秉持這樣的精神，於生命中逐漸實踐，使身旁的人以之為榮。

10 孩子第一位老師——父母先當榜樣

不在兒女面前批評別人

孩子是在學習中成長，看或聽到什麼，就會學到什麼。
爸媽別成了不良資訊來源。「口舌」方面更要留意，
不任意批評攻訐，要多說正面鼓勵、寬容恩慈的言語！

為人父母，期待兒女將來有出息，出人頭地，首先，要做兒女的好榜樣。孩子都是在學習中逐漸成長，從小看到什麼，聽到什麼，就會學到什麼。影響所及，關乎一生成敗。

所以，**父母在孩子面前，更要謹言慎行。尤其「口舌」方面，更要特別特別的留意。**

我有個朋友，他的父親生前擔任牧師，教會發生什麼不愉快的事情，會在回家後，毫不掩飾地直接向太太訴苦。

我朋友聽多了，開始對教會產生反感，情緒受到影響，不但不願意再參與教會活動，大學畢業後到美國留學時，連教會都不去了，甚至告訴他的朋友，別再提他是牧師的兒子。還好，他的父母在發覺事態嚴重後深切檢討，並進行彌補與修復。

某天，一個醉醺醺的爸爸，跑到少年學園，找他的兩個念國小的孩子。當初這兩個孩子是因為父母離異，家庭破碎而無力管教，才由社會處送來安置。沒想到，他來看到小兒子腿上有傷口，立刻不分青紅皂白指責老師，說我們體罰學生，還要求要馬上把孩子帶走。當然，老師不可能讓他帶走孩子。這爸爸見狀不僅開始拉扯，還當孩子面口出惡言辱罵老師。

此時，我正好經過。我曾和他在監獄裡見過。我與他打個招呼，告訴他「傷是獨輪車訓練時，不小心跌倒的擦傷，過幾天就會好的。下一次再來看時，就不會有了」。

他聽之後，態度一百八十度轉變，竟感謝起學園的關心和付出。我趁機會提醒他，以後「不喝酒」才來看孩子，免得開車很危險，又會因意識不清和老師起爭執。

當著孩子的面前批評別人，很不好，當著別人的面前，批評自己的孩子，也不好。兩者都有後遺症，都會影響孩子的對人或對自己的觀感，與後續的信任關係。

舌頭的管控，非常重要。不管發生任何事情，心中有所不滿，說出來，就會有人被影響。一旦出口，很難回收。

大人或許還有能力過濾訊息，孩子往往聽到什麼都往心裡去。尤其兒女是血親，為了疼惜愛護父母，感同身受外，會擴大解釋負面言詞，若反應過度時，就會影響他們的判斷力，扭曲對人事物的客觀看法。因為不夠客觀，就容易產生偏頗的言行舉止，對未來的人格發展、待人處世、服務或工作態度等，都會有不良的效果。

父母是兒女一生的範本。不隨便批評攻訐，多說正面鼓勵的話語，孩子會「有樣學樣」，使內在潛能得以極致發揮，生命力自然展現光鮮的色彩。這些對孩子的人際關係、未來成就等，必有相當大的助益。

人的口舌是內心的延伸，心中所存的，就會從口裡說出來。口裡出來的是苦水，聽的人會受苦。父母一言一行，會左右兒女思維。話語沒有過失，兒女學習父母正向態度，日後與人相處，便能用以寬容和恩慈的言語，去扶助疲乏軟弱的人。

不勉強兒女達成父母目標

硬逼孩子達到某個目標，過度干預他們的發展，
可能親手扼殺孩子的天分，甚至把他們往絕路逼去。
以鼓勵代替打擊，順應他們的潛能或興趣發揮吧！

住在美國的華人，不論是中國或臺灣移民的，幾乎每家都會出一個醫生。因為醫生在美國社會地位崇高，收入也好，很多父母都趨之若鶩，巴不得孩子能當醫師，擁有好名聲，還能賺很多錢，可以住大房子。

華人子弟的資質確實都不差，在學校多半名列前茅，成績優異，大學畢業後，順利進入醫學院的人很多。當了醫生後，也能服務人群。在社區裡頗受尊重，捐款濟助貧困不落人後。他們父母的期待終於實現，心中滿足，自是不在話下。

我家的女兒和兒子，求學過程一直很平順，但我與太太從未告訴他們「讀什麼或從事什麼比較好」，因為我們都相信「天生我才必有用」，而且「行行出狀元」，按步就班，好好念書，依照興趣和志向去發展，總能在社會上有立足之地。所以，從來沒有干預過他們對未來的選擇。

我的太太與岳母都是老師退休，或許女兒血液裡有著這樣的遺傳，在大人不干涉的狀況下，也選擇讀教育。大學畢業後、修幾個教育學分，當起小學老師來了。兒子我也沒勉強他怎樣，雖然他有個留日的牙醫外公，還有有當醫生的舅舅。

兒子準備申請大學那陣子，從臺灣去美國深造的鑑識專家李昌鈺博士剛好聲名大噪。我和李博士同為警大畢業，心裡想著「要是兒子能去念刑事鑑識也不錯，將來可以拜李博士為師呢」。

想歸想，我與太太都不敢左右兒子的志向。最後，兒子選擇讀語言學，畢業後工作幾年，又去讀神學。現在的他在美國加州當一名牧師，牧養一間華人的教會。

我知道，父母期望兒女將來有出息，天經地義。問題是，太過執著，逼孩子非要達到某種目標不可，就可能親手扼殺孩子的天分，甚至把他們逼上絕路。

教孩子負責
別搶著替他投每一顆球

一位媽媽因兒子只考九十分，就直接在家門口前，打罵給人家聽：「剩下的十分去哪了？是不是給隔壁那個了」「我說隔壁盧媽，妳也別這麼寵孩子，他考十分，妳就給他吃雞腿」。

鄰居盧媽聽了，沒有吭聲。她的兒子從小罹患日本腦炎，導致學習遲緩，一直以來盧媽始終耐心地教導她兒子。對盧媽而言，過去都拿鴨蛋的兒子，能進步到十分，當然值得獎勵。

這兩個媽媽的教養模式大不同，一個用鼓勵（lift up），一個用打擊（put down），幾年後有更鮮明的對比。考十分的孩子，後來發揮潛能，考上警大，進了法院，成為少年保護官。考九十分的，卻因不斷受辱，重度憂鬱，進了精神病院。

別太勉強孩子要考幾分，或將來要做些什麼。**用愛心與耐心去提攜，順應他們的潛能或興趣去發揮，將來能服務人群，善盡社會與家庭責任，就足夠了。**

教子女「如何面對死亡」

孩子雖然離死很遙遠，但也得知道死亡的必然性，
因為他們總有一天會經歷，不論是寵物、親友或父母之死。
早一點學習，孩子更有能力去化解與平復當下的衝擊！

有次，我在美國參加一場葬禮，棺木準備垂降到墳穴時，死者的太太竟不顧兒女就在身旁，一面捶打棺木，一面哭叫：「你要去哪裡啊？你怎麼可以丟下我們啊！」

時隔至今，哭聲仍在我的耳邊。每當想起她傷痛到這樣的地步，幾乎要跳進墳墓的情景，我就感慨萬千，總覺得往後的人生好像沒了希望，因為一旦死了，就什麼都結束了。後來，我了解，也許是他們沒有信仰，才會如此無助。

有些人對死很豁達，認為死就死吧。但有些人對死就很茫然，以致產生恐懼，好比孔夫子說的「未知生，焉知死」，只好藉由信仰，來尋找答案。如「信耶穌有永生」，對基督徒而言，死亡是進入永生的階梯。

人都有一死，可是什麼時候要死，無法預料，即使醫生會對一些患者「預測只剩多久時間」，偶爾也有失準情形。

我有時會問學生兩個問題：「你能活多久」、「你想活多久」。有個孩子說，他爸只活到五十歲，所以，他大概也只能活到五十歲吧，想活到一百歲，應該不太可能。我想，這孩子大概還不太懂死是什麼，才能講得如此淡定平常。

孩子年紀雖小，離死還很遠，但也得知道死亡的必然性，因為他們這一生，總會有機會經歷到這件事。帶著他們去參加葬禮或告別式，並藉機與他們討論「如何面對死亡」這件事，不論是寵物之死、親朋好友之死或爸媽手足之死等，甚至是自己走向生命盡頭時。

我有個好朋友，生了兩個女兒，都長得很漂亮。女兒感情很好，關係相當密切。不過，大女兒念中學時，在路上被車撞傷而過世，全家陷入愁雲慘霧，尤其是小女兒，更是哀慟。沒過多久，她竟趁著爸媽不注意，跳樓自殺，結束生命。

這樣的事，聽了讓人難過。親友離世，傷心難免，這種衝擊不能避免，但透過學習，可以知道如何去化解與平復。

學園裡曾收容的一個孩子，說自己以前把一隻貓從高樓往下丟。我聽了，問他「為什麼要那麼殘忍」，他沒意識到自己的錯，還說「貓不是有九條命嗎？我只拿牠一條而已」。

我沒去查證他是否說謊，但虐待動物，就是不尊重生命的表現。小時候這樣做，將來可能會虐待人、傷人或殺人。常有的酒駕肇事也是輕視生命，因為不把人命當回事，即使酩酊大醉仍上路，以致賠上自己或他人的生命。

所以，面對死亡要跟尊重生命、珍惜生命一起教。不管動物或人物，有命就有尊嚴和價值，任何的生命都有存在的權力和意義，誰都不能隨意剝奪。

家和萬事興，不和萬不幸

破碎家庭養的孩子，沒有安全感歸屬感，易有反社會舉動，
和諧家庭養的孩子，情緒管控佳，懂得尊重人，也得尊重。
盡力營造和睦氣氛，家才能成為幸福搖藍，與穩固避風港！

根據調查報告指出，有一半的美國家庭都是離婚狀態，此外的百分之四十，是處在危險的邊緣，也就是說，只有百分之十的家庭是真正幸福快樂。臺灣情況相差無幾。

少年學園收容的孩子，百分之八十來自破碎家庭。孩子年紀還小，只能躲在角落，顫抖著身軀，無能為力地看著父母在爭鬧。或三更半夜，大家都睡熟了，父親才酗酒回來，發酒瘋，對母親辱罵與叫囂，甚至暴力相向。被吵醒的孩子，始終膽顫心驚，再也睡不好。一旦父母離異，他們成了皮球，任人擺布，這裡或那裡都好像是家，卻都是沒有溫暖的家。

當他們到達適婚年齡，找到適當對象，就是遲遲不敢結婚，因為擔心自己的婚姻會像父母一樣。熬到後來，奉子女之命，只能找個房子同居，生孩子，養孩子，就是不結婚。

為了他們的下一代，不再落入相同的惡性循環，園方找回三

位已經生孩子，而未結婚的離園生，幫他們辦理結婚典禮。他們帶著自己的伴侶走進教堂，互立誓約，正式結為夫妻，以便組成一個穩定而幸福的家庭。

可惜的是，婚雖然已經結了，心中仍然存在父母婚姻失敗的陰影，影響所及，讓他們對自己的婚姻也沒有信心。這三對透過我們辦理結婚喜宴的其中兩對，過了一年之後，步上他們父母的後塵，以離婚收場。

和睦的家庭是孩子各方面良性發展不可或缺的條件。既然成了家，生了下一代，雙方都有責任在個性上及觀念上做調整。別一直想著要改變對方，先懂得體諒對方需求，主動付出關心與真愛，對方自然願意配合。這樣一來，家才會是幸福搖藍，與兒女穩固的避風港。

根據一般的經驗，只要遵循以下的基本原則，不睦的夫妻關係，也能逐漸轉好。大人做到了，孩子也看在眼裡，長大之後，他與另一半相處，自然也能和睦。

Talk。要製造溝通的機會。有人說，女人每天約講兩萬五千字，男人減半。所以，老公要常陪老婆說說話，老婆要拿出耐心聽老公說話。

Treat。替對方做點事。像是生日或節日時，送個小禮物，或夫妻倆一起共進吃飯，讓對方感覺受到尊重。

Touch。給對方擁抱或香吻。在孩子的面前更要這樣做，表達親密的接觸，孩子看了，安全感會增加。

Time。每天花點時間在一起。即使是散散步也好，讓另一半感受被愛，夫妻雙方都能增加歸屬感。

當然，房事和諧也是夫妻關係和睦與否的影響因子。美國就有本書叫《SOS》，是Sick of Sex的縮寫，內容談論的就是夫妻性事拉緊報及改善方法。畢竟，在婚姻裡，性事得不到滿足，很容易發生婚外情，這樣的裂痕是很難修復的。

家和萬事興。和諧家庭養出來的孩子，情緒管控能力強，比較不會製造事端，人際關係多半良好，懂得尊重人，也得人尊重。反之，家不和萬不幸。家人不睦，常爭吵，孩子在家沒安全感，得不到愛，容易產生反社會行為。很多犯罪事件，都肇因於這類家庭出身的孩子。

言而有信，說到要做到

不重然諾的爸媽，出爾反爾，很難得到兒女的尊重。
孩子期待被疼愛被重視，已答應的事，排除萬難也要兌現，
因失望會使他們提不起勁，有的還會誤以為自己不夠好。

學園有個小朋友，是社會局送來的。我記得清楚，有次，他的媽媽答應要來探視，說好幾點鐘會到。這孩子就等在學園門口，但左等右等，一小時兩個小時過去了，他從滿心期待到駐足觀望，到最後全然失望的表情，我都看在眼裡。

那天，正好有媒體來拍攝，看到這孩子坐在石階上，很懊惱的樣子，記者隨口問他「怎麼了」。他的答覆簡單：「說要來，又不來，真是沒有信用！」

我在旁邊，只好安慰他幾句，還替他媽媽找了個藉口，說：「也許媽媽是沒有車子可以來啊，說不定媽媽生病，或忙到忘了。下一次，我們好好提醒她，再邀請她來。」

對兒女的承諾，要言而有信。**有些父母口惠而不實，習慣對孩子用言語搪塞，敷衍了事，這樣做，會使信用破產。**信用是人的第二生命，也是重要資產。所謂「民無信不立」，不重然諾，

出爾反爾，自然得不到兒女尊重。當兒女不尊重父母時，父母日後的管教，就會變得非常艱辛。

有個結訓孩子要歸家，高高興興地要回家與媽媽同住，也把住在學園期間，辛苦打工累積的一萬多元交給媽媽，媽媽也答應替他存下來。

可是，回去沒多久，就聽說，他的錢被媽媽花掉了。媽媽說，那筆錢是這孩子該還給她的，當時她和前夫離婚時給了一筆錢，才得到監護權。甚至，理直氣壯地說：「你是我用錢買來的，還我那筆錢，有什麼不對？」

六月，是畢業的季節。學園的學生總有幾個人畢業，每當他們的父母答應去參加畢業典禮，都會給孩子帶來極大激勵。辛苦了幾年才拿到畢業證書，心中已有了成就感，再看到所愛的親人一同來慶祝，心中自是十分滿足。

每年十一月底，學園會舉辦感恩餐會與詩歌比賽，並讓孩子邀請家長來參加，親子能相聚，又能看看他們的努力與才藝。孩子看到親人蒞臨時，個個都顯得眉飛色舞，興奮不已，唱歌、表演也更加起勁。

孩子都期待被疼愛被重視。答應他們的事情，無論如何都要盡力排除難處，予以兌現。要不然，**失望的孩子會提不起勁，欲振乏力，有的甚至會自我遣責，誤以為自己是不夠好，才得不到關愛。**

11

友情萬歲的前提──

選「好」朋友

了解孩子交友狀況

益友相切磋，磨缺點。損友磨的是一把把砍殺用的刀子，
家庭功能不佳的孩子，尤其容易受到朋友引誘而誤入歧途。
弄清孩子交友狀況，及早發現與處理，以免後患無窮。

誤入歧途的孩子，除了是原生家庭缺乏教養力，結交到壞朋友也是一個很大的關鍵。

益友互相切磋，磨掉的是缺點，讓優點顯露出來。損友之間，磨來磨去，磨出的恐怕是一把把用來砍殺的刀子。

「大哥，我從小就跟你，你看我跟到哪裡來了？」有個死刑犯臨槍決前，在刑場一邊吃著最後的早餐，一邊發出最痛苦的哀嚎。這句話，令人無限唏噓，我也常常引用來勸戒一些年輕的學子「回頭是岸」。

我勸學園裡的孩子，要謹慎交友，特別是有幫派背景的人，跟他們在一起，危險性很大。黑道常說「要講義氣」，其實還是會為了個人利益，拋棄責任和道義。黑社會多的是黑吃黑，大哥殺小弟，小弟殺大哥等乖謬背理的事。

我們辦過一場印象深刻的追思禮拜，是替一個中輟的孩子辦的。這孩子長相帥氣，因為加入幫派與吸毒，被法院裁定安置，來到了少年學園。

在園內，他表現正常，和幾個年紀相當的同學處得也很愉快，喜歡唱歌的他，把〈You Raise Me Up〉練得很好。沒想到，某天卻突然不告而別。

原來，他常用手機偷偷和以前跟過的黑道大哥聯絡。大哥遊說他回去身邊，說有吃有喝有住，工作也安排妥當等，擋不住誘惑的他，逃離學園。不過兩三個月，就接到他被送到醫院、急救無效的消息。生命結束在十八歲。

「近朱者赤，近墨者黑」是必然的。**爸媽要經常過濾孩子結交的朋友，及早發現，及早處理，以免後患無窮。**好比已伏法的弒親案主嫌林清岳，年紀輕輕就夥同朋友殺害自己父母。

要是林的父母多花點心思與時間陪伴孩子，早點發現他交友不慎，應該不至於走到如此不可收拾的地步。慘絕人寰的命案，曾經轟動一時，成為談論親子關係的話題。

身為爸媽，有很多需要特別留意的狀況。

像是孩子與朋友相約，回家後身上有菸味或酒味，就要懷疑他交了酒肉朋友。又像是兒子帶女朋友回家，一起睡覺，更要給予警告與提醒，因為孩子搞不好會吃上官司。

或當孩子朋友有抽菸習慣，自己的孩子可能也會跟著抽，抽著抽著，或許有天就開始吸毒了。有機會的話，大人可以勸勸孩子的朋友戒菸，但記住不必給予責備，並在朋友不在場時，告訴兒子抽菸的利害關係。當然，前提是父母本身也不吸菸，不然很難有說服力。

不論如何，**過度地責罵或體罰或限制，甚至用羞辱的言語教訓孩子，都無法收到實效。**

我有個好朋友，曾經當過大學的校長，忙碌的程度可想而知，但是他卻能叫出兒子每一個朋友的名字，甚至連基本的背景資料，都掌握地清清楚楚。

這對很多家長而言，非常難。我也很好奇，他到底是怎麼做到的。他告訴我他的方法。

一開始，他會主動和兒子的交談，藉此知道他們的名字、住哪裡、念什麼學校或父母的工作等。**把孩子的朋友，當成自己的朋友，在沒有壓力的情況下，慢慢認識他們，而不是向做身家調查一般，打破砂鍋問到底。**

此外，他會取得兒子同意，製造與孩子朋友見面的機會。與他們一起活動，並招待他們用餐。因為有大人出錢，吃的還算不錯，孩子的朋友都很喜歡他。這比起某些擔心孩子，而偷偷摸摸跟蹤他們更有意義。

最後，是他談吐得宜，頗富幽默感，願意同理孩子們，雖然年紀差距大，卻不會給人高高在上的感覺。由於釋放出善意，兒子與朋友自然都很樂意讓他參與聚會。

禁不了，就當軍師

孩子受偶像劇與賀爾蒙影響，很早就會對異性好奇。嚴厲限制，孩子搞不好偷偷來。與其如此，不如當軍師，親子溝通大門敞開，孩子樂於分享，爸媽開導更有效。

我的兒女，都已成家。兒子大學就有交女友，畢業後兩年結婚。女兒則是大學畢業，才開始物色對象，找了很久，也等了很久，三十八歲才走上紅毯。相較之下，大學階段選擇較多，成功率也高。出了社會難免因生活圈局限、考量因素多而缺乏對象，甚至延誤結婚時機。

不過，現在太多孩子等不及。營養好、發育好，加上青春期賀爾蒙影響，國中就會對異性好奇。不小心懷孕的話，要不拿掉，要不輟學結婚。小爸爸小媽媽因為人生經驗不足，耐性也不夠，容易踏上離婚一途。離婚後，兩人的孩子變成人球，既無辜又可憐，成了另一個社會問題。

我不贊成太早戀愛。兒子高二時，從臺灣到美國讀書。他長相好，個子高，我與太太擔心太早談戀愛會影響課業、局限交友圈，或忽略其他課外活動，也擔心要是性事沒管控得宜，讓女朋友懷孕，更是麻煩。所以，雖然不是嚴厲規範，總是會特別叮嚀兒子別太著急，大學再交女友，時機點更好。我家兒子知道爸媽好意，沒有反彈。

倒是住家對面一個女同學，積極的很，曾主動靠近兒子，暗示要進一步交往。看我家兒子沒表示，便採取攻勢，某天中午，竟在學校餐廳，拉了一張大海報，寫上我兒子的名字，還加上大大的「I LOVE U」。兒子看了，沒有震驚，沒有臉紅，就是不動聲色。回家說起這事，也輕描淡寫，沒有自豪。那女生大概覺得兒子 no fun，不久就放棄了。

現在孩子情竇初開年紀愈來愈輕。**萬一發現孩子戀愛了，別直接禁止或要求分手，免得孩子覺得「爸媽不懂她（他）的心」，私下偷偷來。**這樣爸媽更無法掌控了。

不如修正心態，試著接納，主動關心孩子的戀愛對象與進展程度。當孩子感受到大人與他站在一起，親子溝通大門就會敞開。這樣的話，孩子樂於分享，爸媽也有更多機會可以教育，教孩子保護自己，避免「先上車，後補票」。

好比孩子去約會，雖然不能跟去，但可以鼓勵他們double dating，幾對朋友一起約會，彼此監督，互相提醒，逾越規矩的行為就不易發生。或要求孩子晚上十點前回家，免得時間太晚，沒了約束而放浪形骸。

管教，需要智慧。強行介入、採取劇烈手段或過度情緒化，常會讓事變得複雜。曾有則誇張的新聞，說有個爸爸因不滿未成年女兒的交往對象，竟趁女兒男友到家裡時，夥同朋友把男生停在門外的機車，丟到旗津漁港。最後，這位不成熟的爸爸被以竊盜罪起訴，與女兒關係想必會更加惡劣。

親子關係差，孩子戀情出問題時，就不會和爸媽求助。好比失戀，最需要即刻救援。孩子經驗值低、涉世未深，遭遇感情挫敗，容易失控，或傷害自己，或攻擊對方。若爸媽能及時發覺異樣，陪孩子聊天、散心，給予開導，陰霾也能漸漸散去。避免恐怖情人，從家裡做起最有效。

早熟，不代表成熟。加上媒體影響力強，爸媽要更用心處理孩子因交友衍生出來的狀況。平常要建立和諧親子關係，限制不了，乾脆當他們的軍師，一旦孩子有問題，才會願意尋求爸媽支援。**當爸媽與孩子看法相左，別倚老賣老馬上否定，思考如何運用溫柔態度，有效化解歧見，才是最重要的。**

家長祝福，愛情真幸福

別把「交異性朋友」，視為不乖、愛玩、叛逆的表現。
為反對而反對，親子都不幸。爸媽當顧問，教孩子：
觀察行為舉止、對母親的態度、了解婚前性行為嚴重性。

別把「結交異性朋友」，視為不乖、愛玩、叛逆的表現。爸媽回頭想想看，自己不也是這樣走過來的。**想交朋友是很正常的事，愈是禁止，孩子愈是躍躍欲試**。不過，孩子年紀太輕，理智尚未成熟到可以控制感情的階段，確實需要過來人，給予一些指導，這時爸媽就是最好的顧問團。

孩子在學校的時間長，要是對某同學的印象不錯，很容易就走在一起。不過，不見得在學校才會交到異性朋友，在書店、補習班、圖書館、電影院、夏令營，或交友軟體，都有機會認識異性。交往後，也許會透過手機電腦聊天，也許會相約吃飯、看電影、看展覽或參加活動。

看到就讀中小學的孩子，與異性出雙入對的時候，就該予以輔導，免得感情加溫後，說什麼都聽不進去。教孩子從以下三個層面，做到保護自己與觀察交往的對象。

一是「**觀察對方的行為舉止**」。像說話粗魯、開口就罵人、三字經掛嘴邊的，或一不開心就搥牆拍桌的，這類的人大部分都性格粗暴，難與人和睦相處，連做朋友都不適合，更別說要當交往對象。恐怖情人不是突然變恐怖，交往過程就可略見端倪。

二是「**看對方對待母親的態度**」。什麼樣的家庭，就有什麼樣的孩子。家教好的，孩子對大人的態度也好。其中要特別注意「對母親說話的語氣」，謙和、有禮、尊重，是基本態度，要是總對媽媽頤指氣使，可能是個媽寶，過度被寵，依賴性高，連媽媽都不尊重了，怎麼可能尊重女（男）朋友。

三是「**了解婚前性行為的嚴重性**」。即使是彼此相愛，兩廂情願的狀況，也要留意貞操問題與法律責任。這類的社會新聞很多，透過討論與交流，爸媽可以傳達心中的憂慮，也可以藉機聽聽看孩子的想法。

除此之外，爸媽還可以主動邀約交往對象到家裡做客，或吃頓飯，或參與家庭活動等。相對而言，大人比較有經驗，從一個人的談吐或待人接物的方式，可以更了解孩子的交往對象，也提供孩子更正確的建議。

當然，第一眼的印象不見得準確，有的人很世故，懂得花言巧語，甚至送禮討大人的歡心，但背後動機不見得純淨。光憑幾個行為就論斷，對人也不見得公平，所以要「聽其言，觀其行」，慢慢地觀察，了解透徹，再下定論。千萬別覺得有人搶了自己的兒子或女兒，而有先入為主的偏見。

畢竟，孩子總是希望自己的眼光能被爸媽肯定，這能替一段感情加分。大人持反對意見時，要理性，要說出個理由，要讓孩子口服心服。過度牽強或挑剔，都是不恰當的。

我有個朋友曾因吸毒坐牢多年，後來倚靠信仰悔改，洗心革面。出獄後，他還進入神學院就讀。在一次教會活動中，他和一位國中女老師認識，進而交往。女方母親知道他坐過牢，對於他的進取與力爭上游都視而不見，根本為反對而反對。

他與女老師始終無法獲得女方母親祝福，直到步入禮堂，女方母親仍不願面對。還好，結婚後幾年後，我這個朋友成為教會傳道人，獲得眾人敬愛，他與太太的感情也非常和諧。原本不贊同的岳母，看到這般景況，也逐漸改變偏見。現在他們的幸福拼圖，不再缺少一塊。

偷嘗的禁果不甜美

現在人性觀念異常開放，衍生出感染或紛爭也很多。
當孩子情竇初開之際，務必先教會他「尊重對方的身體」，
與「合則來，不合則去」，對不適合的對象別太執著！

性隱藏著一種微妙的吸引力，讓人趨之若鶩，樂於嘗試。但不少人忽略性行為的後果，禁不住誘惑，陷入漩渦，無法自拔。加上現代人性觀念異常開放，有些男女一見面，就要性，因而衍生的感染或紛爭或案件也很多。

戀愛久了，會有動情激素產生，沒有克制，就容易發生性行為。但性事滿足，不代表就幸福。

性與愛有別。性是天性，是人的情欲，人皆有之，年齡一到，個個（尤其是男生）都蠢蠢欲動，都想找對象來發洩一下，沒對象的，就自己找辦法，總是能解決。

真愛則要耐心等待上帝的安排。偏偏有些人意想天開，色字頭上一把刀，欲望一來，就隨機找人，甚至以暴力武力脅迫強迫，導致社會的不安。

教孩子負責

別搶著替他投每一顆球

孩子對性好奇是必然的。身為爸媽，有責任要掌握機先，教導兒女正確性觀念，免得他們因為太早嘗試禁果，對性過度依賴、沉迷，或恐懼、產生陰影。

大人是孩子的學習對象。首先，爸媽要做到的是嚴守男女分際，忠於配偶。孩子的心思敏感，雙眼也很雪亮，那些有小三、小王的，妄享齊人之福的，男女關係複雜的，或與人曖昧不明的，別以為打哈哈就隱瞞得過去。

再者，青春期的精力格外旺盛，賀爾蒙大量分泌，會引發孩子對性事的衝動。這時，孩子最需要正當的發洩管道，運動就是一種很不錯的方式。騎腳踏車、打球、爬山健行、慢跑等，帶著孩子從事固定活動，抒發體力。

教孩子「真正的性愛要聖潔」。聖潔指「尊重對方的身體」，而不是光顧著自己的生理需求，任意地占人便宜，經過耐心等待，才是最好的時機。對基督徒而言，性行為應該在結婚時啟用，以免引發不必要的問題。結婚代表彼此已經相屬，良人屬我，我屬良人，兩人既然成為一體，就不再分離。

即使非基督徒，也得為孩子建立正確觀念，了解「性是給所愛的另一半，而不應做為情欲發洩的途徑」，用這樣的態度進行性行為，才能享受愛情的甜蜜，也能避免衍生婚外情或未婚生子或單親媽媽等情況。

最後，別忘記提醒孩子，男女交往之事要自然，不用勉強，不可以憑自己心意，就認定別人必須屬於你。交往期間有很多比性更重要的事，像觀察對方是否好相處，及彼此個性是否合得來。遇上了不適合對象，即使有過性關係，別執意走下去或勉強結婚。秉持「合則來，不合則去」的原則，經過理性思考而分手，雙方都不會有虧欠與自責感。

信仰合拍，伴侶更契合

男女有共同信仰，交往過程會增加更多共同話題與興趣，
當兩人因此靈犀相通，默契十足，步調自然變得一致。
感情加溫，相愛相惜，就可以順利化解歧見，和睦共處！

男女如果有共同信仰，交往過程中會增加更多共同話題與興趣。如都信仰基督教，會常去教堂做禮拜，也會參加教會的其他活動，這些活動幾乎都會唱詩歌、讀經禱告，有很多學習和彼此探討的機會，久而久之，兩人靈犀相通，默契十足，步調會變的一致，相處自然和諧。

我兒子和媳婦讀大學時，是在校園的基督徒團契認識而交往。當時，團契輔導鼓勵男女學生交往，只是為了維護基督徒的道德觀，避免男女獨處受到性的誘惑而敗壞德行，會建議情侶約會要「group dating」，也就是好幾對情侶一起約會。這種方式，對於婚前性行為的預防有極大功能。

四個人以上聚在一起約會時，還可以討論一些聖經章節，並分享內心所得，比起男女單獨約會，享受花前月下，卿卿我我的羅曼帝克，內涵和分量是不一樣的。

信與不信，不能同負一軛。牛與驢，不能同耕，畢竟速度和個性都不同，「道不同，不相為謀」就是這個道理。試想，臺灣民謠唱的「阿公仔欲煮鹹，阿嬤欲煮淡，兩個相打弄破鼎」，聽起來可愛，但若三天兩頭這樣吵，可還得了。

每個人的愛好不同，口味相異，就算是結婚多年的老夫老妻，也會爭吵。在交往或婚姻過程中，若有共同的信仰做為約束或倚靠，碰到彼此意見相左的狀況時，除了愛情，也能發揮信仰的力量，順利化解歧見，和睦共處。

日本的年輕人即使不是基督徒，也會到教堂舉辦婚禮，教堂散發的是莊嚴神聖、甜蜜相愛的感覺。其實，懸掛十字架的教堂，呈現出的無形力量，就是捨己的愛。這種愛能化解冤仇，遮蓋過錯，化干戈為玉帛，使人謙卑溫柔，讓人重新來過。

我女兒和女婿會認識，也是因為基督信仰。他們的交往過程沒有太多阻礙，既沒有過往交友失敗的陰影，又無性事隨便的悔恨，兩人交往一年，就決定攜手共度終身。與兒子媳婦一樣，女兒也在教堂舉行婚禮，前來為他們祝福的親友，擠滿了整間教堂。他們帶著滿滿的祝福走入婚姻。

擁有共同的信仰，讓交往的雙方願意享有共同利益，對於感情有加溫的效果。結婚之後，參與教會的活動，對夫妻間的相愛相惜，與愛的連結，都有積極正面的作用。

12 其他管教力量——信仰的薰陶

相信「信仰帶來力量」

人像瓦器，十分脆弱，擁有信仰就多一層保護力量。讓孩子從小了解信仰的價值和重要性，對未來發展幫助很大，很多人的成長過程，就靠信仰度過人生風波，並愈戰愈勇！

信仰可以產生力量。讓孩子從小了解信仰的價值和重要，對於日後成長與發展有很大幫助。我們的孩子滿月後，就開始帶去華人教會，並按教會規矩，把他們奉獻給上帝，由牧師為他們禱告、祝福。期待他們從年幼，就懂得信仰的可貴，並且能夠遵循聖經的教訓，學習做個好的基督徒。

我常給孩子心理建設，說「信仰是人生不可或缺的寶貝」。人像瓦器，很脆弱，擁有信仰就多一層保護。果然，他們成長過程靠著信仰，度過人生風波，愈戰愈勇。他們能在社會立足，安分守己，和擁有堅定美好的信仰，脫離不了關係。

基督信仰的根基是「愛」。人出生就帶著罪性，罪性容易產生罪行。神不願看人因罪性走向滅亡，差派耶穌基督前來人間，替眾人捨身上十字架，成為代罪羔羊。耶穌死後三天復活，回天家後，又差派聖靈進入每位願意信祂的人心中，使人變成一個有靈的活人。有靈，人就有能力改變過去舊有的思維和行為，成為一個新造的人。脫去麻衣，披上喜樂，哀哭變為跳舞，由舊變成新。這不只是聖經理論，也是很多基督徒的經歷。

我輔導過一位火爆的學生，抽菸鬧事，不高興就打人。經過信仰薰陶和老師調教，他不只學會彈吉他、唱詩歌、敬拜讚美神，也禱告、讀聖經。整個人煥然一新，力爭上游，考上大學。半工半讀的他，因為工作認真，被升為店長，未來還打算自己創業，發揮專長，造福社會。

讓孩子懂得信仰內涵，因領受到有愛心、有靈性信仰，在生活當中不斷操練依靠神，信心就能逐日增長。對事情不畏懼，靠著加添力量的上帝，得勝一切。

做事之前，自問四問題

教導並提醒孩子，不論做什麼事，都先暫停腳步問自己：「別人有好處嗎？」「自己有好處嗎？」「身心都自由嗎？」這是用來約束自我行為，最簡單、有效、不受限的辦法。

耶穌說「若有人要跟隨我，就當捨己，天天背起自己的十字架來跟隨我」。基督徒以「跟隨耶穌腳蹤」為目標，放棄自我野心，犧牲奉獻，服務人群。

我初中一年級就在教會出入，聽過很多道。高三那年又與教會牧師同住，從牧師靈修教導得知，只要獻上自己給神，工作、婚姻、健康等，祂都有計劃，也會保守看顧。

保羅（基督教早期的傳教士）說過，他效法基督，叫我們也要效法他，並勉勵信徒「忘記背後，努力面前，向著標竿直跑」。此外，他提醒「做每件事前，都得先自問四問題」。即使非基督徒，也能用前三個問題來約束自我：

「**對別人有沒有好處？**」對別人沒有益處的，就沒有做的必要。像吸菸，會製造二手菸害人，當然就不要做。

「**對自己有沒有好處？**」要是沒有，就不要做。像吸毒，殘害自己的身體健康，就不要吸。

「**身心會不會受到轄制？**」有轄制，就會帶來傷害。像參加幫派，總是身不由己，就不要做。

「**有沒有榮耀神？**」像賭博，妄想發橫財，就是心術不正，當然不能做。

牛頓是物理學家、數學家、天文學家，除了發現運動三大定律外，也曾提出靈性的三大定律：

第一「**充實自己**」，多接觸對自己身心靈有益的人事物，多閱讀，多充實新知。第二是「**幫助別人**」，伸出援手，多做利益眾人的事。看到別人需要，給予協助，讓別人因自己付出，得到祝福。第三是「**榮耀上帝**」，這是人生的最高目標。

品格與生命教育的加強

擁有誠實、正直、可靠、富有愛心等美好品德的特性，使內在生命乾淨，不會有彎曲詭詐的思想與作奸犯科的行為。生命教育則是讓孩子學著珍惜生命、尊重生命、善用生命。

近年來，學校注重品格及生命教育，會安排課程或找專家學者到校演講，我擔任過好幾次講員。我在思考和準備時，一直覺得品格與生命教育所強調的，在基督信仰就能找到內涵和答案。而少年學園對犯罪邊緣的孩子進行心靈重建，也是藉由信仰的薰陶和實踐，達成品格與生命教育的目標。

「品格教育」強調品德塑造，包括人的誠實、正直、可靠、愛心等。這在基督信仰領域都有教導，基督徒通常都會擁有這些美好的特性。耶穌說，祂來到人間就是世界的光，跟從祂的，就不在黑暗裡行。所以，基督徒不會做暗昧羞恥的事。

正直的人，是就說是，不是就說不是，不會花言巧語，胡說八道。一個人內在生命乾淨，就不會有彎曲詭詐思想，當然不會出現作姦犯科的行為。聖經則一再提醒，人是神的管家，要做一個忠誠可靠的管家。至於品德所強調的愛心，基督徒更是認同，因為神就是愛，愛是從神來，沒有愛心的，就不屬神。基督徒的標誌，其實就是愛。

生命教育著重的珍惜生命、尊重生命、善用生命，如聖經所教導「人舊有的生命已被罪惡汙染腐化，需要藉由耶穌十字架上所流的寶血洗滌乾淨，才得以與神合好，並獲得全新生命」。獲得新靈和新心，就當把握時機，讓生命更充實更精彩。一生年日窄如手掌，加以善用，才能讓生命發光。

生命不僅自己擁有，別人生命也當予以尊重。這樣就不會逾越界限，去侵犯他人權益，造成社會的不安。人因為尊重自己和別人生命的價值，就會活得更有意義。

心有依歸，生活變充實

信仰為人帶來心靈好處。使心有所歸屬，生命格外豐富，幫助信心的根扎深，向上結果，果子結地多，生活就充實。信仰與生活打成一片後，人有了依靠，就不再感覺孤單。

「在基督裡重生」是個真理。重生，就是重新生過，生到神的家裡。換句話說，信仰不只是去教堂禮拜，而是人與耶穌基督成為一體。基督屬我，我屬基督，兩者合一，不再分離。一旦心有歸屬，生命也格外紮實。

我十二歲就去教會接受基督為救主，信仰為我帶來許多心靈好處。那時，我固定參加教會青少年團契，每次舉辦野外營會活動，大家唱詩歌、聽傳道人講道，也有小組靈修讀經、禱告及個人獨處時間。參加營會，就好像進入聖所幔內，懂得凡事交託，凡事謝恩，心中一無牽掛。

每一次的聚會，就是把我們帶到神的面前，幫助我們的信心向下扎根。自信的根扎地愈深，愈能向上結果。果子結愈多，生活就愈充實，生命也就愈豐富。在神面前，有滿足的喜樂，在祂左右，有永遠的福樂。

年紀輕時，也許體驗不多，但日子愈久，累積起來神的恩典愈多，就會感受到信仰與生活打成一片，有信仰，有依靠，人不再孤單，因為有耶穌同在，就是天堂。

我身邊就有不少基督徒，從臺灣移民到美國後，隨著應酬變少，參加教會聚會的機會變多，靈性有顯著的提升和進步。他們勤讀聖經，背誦聖經，樂於奉獻金錢、時間，為人禱告，教會因此興旺火熱起來。

藉由信仰，讓我與神更靠近。無論是生是死，都有歸屬感，從不覺得被忽略，因為耶穌應許說，到祂面前的，祂一個也不撇棄。一旦接觸到這個愛的信仰，每天活著，在地如同在天，優遊自在，活在人間，好像神仙。萬一明天就離世，也會回到天家，與基督同在，那裡又是好得無比。

耶路撒冷位於以色列的中部，是一個信仰中心，也是基督教、猶太教、伊斯蘭教的聖地。對以色列人而言，它是一個神聖的城市。過去，以色列各地的居民，每年都會盡力排除萬難，到耶路撒冷朝聖三次。如今，基督徒不必再拔山涉水前往遠處，才能朝拜神了。因為神已和人同在，永遠不會離開。

附錄

萬一孩子踏錯步——

給回頭的機會

面對現實，不過度自責

人間難逆料事很多。有時，父母再盡職，兒女仍走迷了路，
別再把所有的錯往自己身上攬，過度自責，解決不了問題。
樂觀地面對現實，向孩子伸出援手，就能慢慢看見他的改變！

人間有很多難以逆料的事。有時，父母無論再盡職，兒女依舊會走迷了路，遊蕩在外，終日與損友廝混，任憑怎麼勸導，孩子就是無動於衷，不願領情，甚至故意反抗頂撞。無可奈何的情況下，父母只能傷心難過，痛苦度日。

父母不妨先這樣想「月有陰晴圓缺，人有旦夕禍福」，天下事是人無法掌控的。**萬一兒女走歪了路，先不用急著自責，愈是自責，愈是失望，愈沒有辦法解決問題。**

我在監獄輔導過一個年輕人，他的爸爸在地方上是舉足輕重的人物。兒子犯案後，他自慚形穢，甚至足不出戶，避不見人。後來幾個姐姐不願放棄弟弟，找我協助。經過一段時間的關心與追蹤，得知他在出獄後，到姐姐店裡工作，生活正常，也結了婚，至今沒有再犯。他父母心中彷彿卸下一顆大石頭，輕鬆無比。姐姐們則相當感謝我的協助。

我認得一對夫妻，他們都是政府官員，可能因為這樣，太過忙碌，沒時間陪兒子，也忽略他的需要。他們的兒子從高中就開始叛逆，母親無計可施，只好把他送到國外讀書，託親友代為照顧，希望兒子就此遠離狐朋狗黨。

去了沒多久，這孩子適應不來，吵著要媽媽幫他買機票回臺灣。任憑媽媽怎麼好言相勸，就是不聽。媽媽心想「只要不寄錢過去，孩子就會乖乖待著，再一陣子就會習慣了」。

想不到，某天孩子竟然出現在家裡。原來，他是向朋友借錢搭機回來了。父母愈想愈氣，來問我的意見。我說「回都回來了，想辦法改弦更張，並不是非出國不可」。

我建議他們多花時間陪陪孩子，去了解他要什麼。要他們相信，孩子的資質好，日後一定會有一番作為的。幾年後，我問了這位媽媽，才知道兒子早步上正軌，已經在念大學了。

教孩子負責
別搶著替他投每一顆球

一時糊塗，不代表沒有回頭機會，父母別太難過或自責。**時間是最好的醫生，多一點時間陪伴孩子，讓孩子感覺被愛，他們就不會再用異常行為，來引起父母的注意和關懷。**

有位教授桃李滿天下，作育無數英才，但獨子卻常要到派出所報到。每次到派出所把出事的兒子領回家時，警察還會挖苦他一番，說「教那麼多大學生，竟然教不好念國中的兒子，你到底是怎麼教的啊？」

還好，教授與太太鍥而不捨，不斷給予規勸，幾年之後，獨子行為有了顯著改變。可惜的是，浪子在回頭之後，因一場車禍而不幸喪生。教授將喪子的悲憤化為力量，開始花時間去關心那些處在犯罪邊緣的孩子，用愛心去拉拔他們。

不視爲家醜，不怕求助

人非聖賢，孰能無過。多一點用心與關懷，孩子才會醒悟，不願對外求助的爸媽，光是自怨自艾，情況恐怕往更壞發展。別把孩子視為「家醜」，勇敢向專業求助，才是上上策！

去到演講的地方，觀眾一聽說我會定期到監獄輔導受刑人，便私下找我談話，拜託我去關心他們牢裡的親友。很奇怪，幾乎每場演講，都有人來和我談這種事情。我樂意協助，也期待藉由微薄關懷，讓他們的親友醒悟，不走回頭路。

只有一次，讓我覺得懊惱。二十多年前，我去某教會聚會，得知有個年輕女囚，是該教會的會友，偏偏教會為了顧全家屬面子，不願意透露犯罪實情。後來，我輾轉得知那個女囚因涉及擄人勒贖命案，已被判處死刑。事關人命，有人卻抱持「家醜不外揚」，而刻意不求協助。沒多久，女囚就被處決了。

十多年前，有位住在臺北的媽媽，她先生因吸毒進出監獄多次，一對雙胞胎兒子，則因交友不慎，常在外遊蕩，徹夜不歸。她擔心孩子步上先生的後塵，跑來辦公室找我幫忙。我建議她一些可行的方法。果然，她照我所說的，叫警察把兩個孩子抓去少年觀護所，又親自跑到法院，請求法官裁定兩個兒子到花蓮的少年學園收容。

剛開始，雙胞胎兄弟非常不能諒解媽媽的作法，後來總算明白媽媽的用心良苦。經過四年在學園的調教，孩子順利完成國高中學業。離園之後，奉公守法，認真工作。母親也因為孩子的變化，走進教會。

說也奇怪，這位媽媽過去由於太過擔心孩子出問題，加上忙碌，搞得身體一大堆毛病。在看到孩子漸漸地悔悟以後，心中喜樂，很多病都不藥而癒了。

還有個嘉義的孩子，因為在同學面前被爸爸羞辱，憤而離家出走。後來被黑社會利用，殺了人，被判無期徒刑。服刑期間，他媽媽聯絡我們前往關心。他起初愛理不理，態度冷淡。還好經過一段時間，他開始接受教化，還在獄中補校讀完高中。

後來，這孩子真心覺得過去罪惡滔天，懊悔之餘，寫信向被害人父親道歉，請求家屬的原諒。我幾次帶著他母親去被害人的家，代替孩子當面致歉。被害人父親看到這對母子的誠意，也願意饒恕，再給他一次機會。

桃園有個眷村孩子，從小被關到大，父親以他為恥，在人面前抬不起頭，也不知道如何幫他。最後一次坐牢，他信了耶穌。出獄後，卻有家歸不得，來中途之家住了七個月。

如今出獄已逾十年，不但不再回籠，也戒掉菸酒，娶得美嬌娘，而且到處去關心有需要的人。讓人感到欣慰的是，他的父母親重新接納他，並以這個兒子為榮。

永不放棄就有機會翻身

擁有一兩次體會「跌倒，再爬起來」的機會，不一定不好，
爸媽要耐住性子，陪孩子咬緊牙根繼續走，他才能突破關卡！
人生沒走到最後，都有翻身可能。不放棄，孩子就會開始變好。

學騎獨輪車的孩子，都經歷過很多次「跌倒了，再爬起來」的痛楚。一次、兩次、三次、五次，不管幾次，只要不放棄，嘗試重新來過，一定學得會。

人生如果能有一兩次的跌跤機會，反而是好的，這是學會一項功課的必經路程。所謂「No pain, no gain」，有痛苦，才有祝福，才有收穫。經一事，長一智。

花蓮少年學園的「飛行少年」，過去有的打架、偷竊、吸毒，曾被法院視為「非行少年」。憑著那股再接再厲，永不放棄的毅力，才能達成騎獨輪車環島的壯舉。

訓練過程中，孩子也會感覺挫折，不想再騎。教練不斷地鼓勵，讓他們咬緊牙根繼續下去，總算突破難關。

父母對於家裡的孩子更應該保有這種精神，當他們出狀況，

迷了路，除了尋求他人協助，父母也要給孩子適當鼓勵，讓他們感受自己沒有被放棄。

在臺北市開車，車多人擠，大一點的十字路口，都得等上很久的紅燈。每次看到遠處有紅燈，我就心喜，因為等我開到十字路口，紅燈就會變綠燈了。

人生路上總有遇到停紅燈的片刻，只要耐住性子，不著急，捱下去，都有苦盡甘來的時候。**對於孩子的未來，不要怕紅燈，因為時間一到，綠燈就會亮起，並且一路暢通到底。**

以前讀警大學柔道，老師一再叮嚀，柔道比賽有「一勝」、「半勝」之分。摔得漂亮，讓對手背部全著地，就是一勝，等於贏得這場比賽。若對手背部只有一半著地，就是半勝，贏得兩個半勝才能算一勝。

萬一不幸被對手贏得半勝，又要被壓制時，就趕快站起來，重整旗鼓。找到機會，把對手摔地漂漂亮亮，裁判喊「一勝」就贏了。反敗為勝的當下，先前輸掉的半勝早已不算數。

所以「還沒到最後一秒鐘，千萬不要放棄」，就算已經被對手被壓制在地，也還有二十秒的時間可以翻身。翻身成功，再把對手壓制個二十秒，就贏了。

人生也是如此，還沒到最後一刻，都有翻身的可能，只要繼續努力，誰能斷言誰是輸家，誰又是贏家呢。對於做錯的孩子，爸媽要有這樣的參賽態度，千萬不要輕易放棄，這樣一來，孩子也能秉持這種精神，開始變好。

付出眞愛，等孩子悔改

等待是一種愛的表現。如同播種，得一段時間才能有所收成。

期待真愛能產生實質的益處，光靠嘴皮宣傳是行不通的，主動關懷、陪伴，了解並成全需要，浪子終將「回心轉意」。

孩子都渴望被愛被關懷。得不到，他們會轉移目標，找尋其他刺激來彌補心靈空虛。不小心找到錯的替代品，就會迷失方向，觸法而需接受制裁。到這時候，父母傷痛難以想像，但仍要適當介入，以不止息的愛，感動孩子迷途知返。

俗諺說「亡羊補牢，猶為未晚」。有個更生人，年幼就吸毒，進出監獄多次，加一加總共坐牢二十年。他的父母剛開始失望透頂，幾乎想放棄他。沒想到，服刑時獲得關懷，使他的人生「逆轉勝」。在最後一趟出獄後，他進入中途之家學習一年，還回到高職補校就讀，並能配合更生團契需要，每天付出心力，為少年學園的學生準備飯食。

真愛要等待，才能看到效果。如同播種，得一段時間才能有所收成。期待真愛產生實質益處，需要：

主動。孩子走歪路，大人千萬不能態度消極，坐視不顧。有些父母看到孩子出狀況，講都講不聽，就覺得孩子未來沒有希望，甚至想叫他們「乾脆死掉，不要再折騰大人了」。其實，主動給予關懷，孩子更會受到感動。因為覺得自己沒有被父母放棄，反而會心生悔意。

犧牲。真愛要付代價。愛心不能光用嘴皮，只說不做，口惠而不實，一點都沒用。為了讓成了浪子的孩子「回心轉意」，大人得花更多時間在孩子身上，必要時，可能要請長假，甚至就辭職回家，專心陪孩子。當孩子覺得大人為自己犧牲那麼多，會因不忍心父母受苦，而想努力改變自己。

成全。父母要明白孩子的需要，並給予成全，這樣他們就會東山再起。孩子需要被養育，需要安全感，需要被接納等，即使過去父母曾經忽略，仍要把握機會彌補，當他們感覺身心滿足，就能重新得力。

網路流傳一個故事。有個年輕人，被朋友唆使，離家出走，而且不與家人聯絡。流浪幾年之後，覺得身心俱疲。想回家，卻擔心不被接納。於是趁三更半夜、四顧無人之際，溜回家看看。沒想到，在家的不遠處就發現客廳燈火通明，靠近一點，發現門不但沒上鎖，竟然呈半掩狀態。

他悄悄地推開門，走進客廳。在他還摸不著頭緒時，他的父親先看見他，並站起來迎接。他覺得疑惑，詢問父親：「怎麼燈沒關，門也沒有鎖，還有，你怎麼還沒睡？」

他的父親回說：「孩子，自從你離家，我們家的大門從沒有鎖過，再晚，燈都會亮著，為的就是等你回來。」

等待，是愛的表現。由於這樣的真愛，使得浪子深受感動，願意回頭，爸媽找回了孩子，孩子也因此不再流離失所。

孩子悔悟，要全然接納

悔改的人，最盼望被肯定被認同，最害怕被拒絕被歧視，若是連「改變」的機會都不給，他們再犯的機率就會提高。爸媽要扮演貴人角色，給予關懷與接納，迎接他們回頭。

常言道「浪子回頭金不換」，既然浪子已經或想要回頭，理當再給他們一次機會。可是社會上有太多的人對有前科者，會用異樣眼光相待，且避之唯恐不及。「金不換」表示很珍貴很難得，所以不只應該接納，還得好好慶祝一番才對。

悔改的人，最盼望的是被肯定被接納，他們的努力需要被重視。最害怕的是一再遭受拒絕與歧視。有首詩歌就唱出浪子的心聲：「再給我一次機會，不要讓我在夜間流淚。再給我一次機會，不要讓我在風中傷悲……。」

有個經常出入少年輔育院的孩子告訴我，他「第一次」出獄那一天，打了電話回家，接電話的是他爸爸。當他告訴爸爸「我可以回家了」，得到的回覆竟然是「你是誰？我們沒有你這個孩子了」。家人連改變的機會都不給他。於是，他有家歸不得，後來又去坐牢了。

前往監獄教化受刑人時，每次只要一談到家人，他們的眼睛都亮起來。說著說著，眼淚也潸然流下。

印象中，有個煙毒犯的家裡開旅館，生長環境還算富裕。他是家中么子，從小集萬千寵愛於一身，卻因為交友不慎，吸毒坐牢多次，搞得全家雞犬不寧。在最後一次坐牢時，他的爸爸去探望他，說：「這是爸爸最後一次來看你了，希望你往後要好自為之，重新做人。」

原來他爸爸重病纏身，早就知道時日不久。過沒多久，爸爸就去世了。他在獄警戒護下，返家奔喪，受盡了親戚冷嘲熱諷。他確實學到教訓了。回監獄後，痛定思痛，真心悔改。出獄的他表現良好，除了家人再次接納他，也娶妻生子了。

從我輔導的實務經驗得知，要讓「浪子回頭」真的真的相當不容易。浪子能夠悔悟過來，一定會有三個因素：

一是「**強烈的動機**」。當他們自己發覺「再這樣子繼續迷失下去，人生只會愈來愈沒意義」，因而產生了「想要改變自己」的想法。所以，只要看見浪子的努力，我們就應該給予掌聲，他們才有走下去的正面力量。

二是「**特殊的事件**」。像是剛好遇到家人過世，或看見家人因自己的作為而受傷等事件，帶給他們極大的打擊與刺激。一個人若經過大風大浪，就比較容易大徹大悟。

三是「**遇見貴人**」。浪子回頭如此難能可貴，每一個人（尤其是家人）都該扮演貴人角色，迎接他們回頭，給他們一個新的開始。除了更生人，對弱勢的關懷與接納，更是預防犯罪及再犯的重要法則，這是家長和社會大眾都應努力的目標。

後記

付出了，滿足了，家就幸福了

走筆至此，心中充滿了喜悅。

一九八八年的暑假，我與太太決定攜兒帶女，從美國返回臺灣服務。前幾年，兩個孩子都還在臺灣念書，我們在臺灣過節方便。後來，孩子陸續到美國念書，剩下我和妻子在臺，每到感恩節或聖誕節，或農曆春節，這些重大的節日，我與太太和孩子分隔兩地，要相聚真的很難。

原本只能通通電話，通通電子郵件，近幾年來，3C產品變得很方便，讓我們可以常用視訊保持聯絡。但是，畢竟人抱不到，又摸不著，難免有點失落不足，缺乏親蜜的感覺。

二〇一六年，就很特別。我在十一月中，就獲得一段假期，因而可以飛到美國加州與兒女團聚，同度十一月底的感恩節，還一路待到隔年一月，與家人一起過聖誕與年終佳節。

我們住的加州首府沙加緬度（Sacramento），天氣特別冷，入夜後都是攝氏零度以下。聖誕節那天也冷，夜晚，天空下了霜。一大早，家家戶戶的屋頂、草坪都是白茫茫一片，煞是吸睛好看，猶如白色聖誕的美景一般。

時隔快三十年，這是第一次在美國，全家人又能團聚一起的歡樂時光。心中充滿感恩的是，一九八八年，我們一家只有四口，二〇一六年，已經變成九口之家了。兒子貝藍娶妻，五年內，生了三個女兒。女兒安盈嫁了好丈夫。大家都來團圓幾天，共同慶祝感恩節及聖誕節。

二〇一六年，我們一家四口成長為九口，相約在加州團聚過節

後記
付出了，滿足了，家就幸福了

特別是聖誕節那天，一家九口人快快樂樂的在家吃火雞大餐、唱聖誕歌、拆禮物。飯後，還一起走路去欣賞社區兩條街，約五十戶人家，所擺設展現在門口亮麗耀眼，閃閃發光的聖誕燈飾。

幸福就像這樣，呈現在眼前。不必在意人生會碰到什麼苦難，因為那是免不了的，何況，苦難也是化妝的祝福。好好經營婚姻，也是幸福。只要了解成家，就有責任，好好珍惜並照顧另一半。生孩子後，夫妻更要盡最大努力，認真愛護、栽培、督責下一代。建立一個美滿家庭，身心靈也會因此獲得極大滿足。

家庭的幸福，是社會安定的基礎。孩子能快樂正常的成長，大人們付出的努力不可少。任何一個人對家庭對子女的付出，最後都會回饋到自己身上，也會澤及整個國家和社會。在此，祝福各位夫妻與你們的後裔，願每一個家庭都能快快樂樂、幸福美滿。

本書能夠出版，要感謝新手父母出版社總編輯林小鈴的鼓舞。她知道我在輔導青少年方面有些經驗，也知道我樂意提供時間及心得，來幫助任何一個有需要的人。也要感謝我太太許馨潔，她提供我應該陪她的時間，讓我撰稿寫書而沒有怨言。其實，太太的文筆比我好，只是她客氣不寫而已。再來，感謝更生團契辦公室的同工，提供我一些資料，協助我整理文稿。

最後，要感謝更生團契全臺灣所有的輔導同工，不論到獄中或在少年之家、少年學園及中途之家服務，由於他們忠心付出，陪伴這批有需要的人，才能看到一群邊緣人生命上的改變。這些人透過信仰基督，出黑暗，入光明，給他們家人帶來極大的安慰，也成了許多人效法的典範。

教孩子負責
別搶著替他投每一顆球

作　　者 | 黃明鎮
選　　書 | 林小鈴
企畫編輯 | 蔡意琪

行銷企畫 | 洪沛澤
行銷經理 | 王維君
業務經理 | 羅越華
美術總監 | 陳栩椿
總 編 輯 | 林小鈴
發 行 人 | 何飛鵬
出　　版 | 新手父母出版・城邦文化事業股份有限公司
台北市中山區民生東路二段141號8樓
電話：02-2500-7008　　傳真：02-2502-7676
E-MAIL：bwp.service@cite.come.tw
發　　行 | 英屬蓋曼群島商家庭傳媒股份有限公司城邦分公司
台北市中山區民生東路二段141號11樓
書虫客服服務專線：02-2500-7718；02-2500-7719
24小時傳真專線：02-2500-1990；02-2500-1991
服務時間：週一至週五上午09:30～12:00；下午13:30～17:00
讀者服務信箱：service@readingclub.com.tw
劃撥帳號 | 19863813　戶名：書虫股份有限公司

香港發行 | 城邦（香港）出版集團有限公司
香港灣仔駱克道193號東超商業中心1樓
電話：852-2508-6231　　傳真：852-2578-9337
電郵：hkcite@biznetvigator.com
馬新發行 | 城邦（馬新）出版集團 Cite(M) Sdn. Bhd.
41, Jalan Radin Anum, Bandar Baru Sri Petaling,
57000 Kuala Lumpur, Malaysia.
電話：603-9057-8822　　傳真：603-9057-6622

封面設計 | 劉麗雪
內頁設計・排版 | 吳欣樺
製版印刷 | 卡樂彩色製版印刷有限公司

2017年02月21日初版
2017年03月24日初版3刷
定價 | 320元
ISBN | 978-986-5752-49-1

城邦讀書花園
www.cite.com.tw
Printed in Taiwan

國家圖書館出版品預行編目資料

教孩子負責，別搶著替他投每一顆球／黃明鎮著
-- 初版. --臺北市：新手父母, 城邦文化出版：家
庭傳媒城邦分公司發行, 2017.02

面；　公分（育兒通系列；SH0154）

ISBN 978-986-5752-49-1 （平裝）

1.親職教育　2.子女教育

528.2　　　　　　　　　105024734